갱년기
자신을 갱신하다

김희자 지음

목차

프롤로그 부부가 함께 달려갈 사명　　　　　　06

제 1 장 **자기다움 싹 발아** ●

01　위로가 필요한 친구에게　　　　　　17
02　공허함을 넘어 삶의 의미 재발견하다　　21
03　나는 자연입니다　　　　　　26
04　65세 필라테스 강사 도전하다　　　　　　31
05　갱년기의 감정을 마주하다　　　　　　36
06　내면의 고요함, 그 의미를 생각하다　　　　　　41
07　멈춰 서야 진짜 모습이 보인다　　　　　　46
08　고정관념을 깨고 나를 찾다　　　　　　50
09　씨앗, 내 안에 숨겨진 가능성이다　　　　　　55

제 2 장 새로운 성장의 시작

01 새로운 나를 발견하다 63
02 버킷리스트로 나를 찾다 69
03 수련으로 내면을 회복하다 75
04 다시 삶의 의미를 찾다 79
05 함께할 때 더 행복하다 85
06 갱년기 맞춤형 운동 플래너 되다 91
07 바른자세 걷기가 기본이다 96
08 방송촬영으로 삶의 지혜를 배우다 101
09 60대, 나만의 브랜드를 만들다 109

제 3 장 자신의 생활 리듬 회복하기

01 청소를 통해 자기성찰하다 119
02 수면과 몸의 리듬을 조율하다 125
03 갱년기 불면, 내 안의 평화로 치유하다 130
04 시간제한 식이요법 실천하다 137
05 맞춤형 건강한 운동법 찾다 142
06 프로필, 진정한 나를 어떻게 드러낼 것인가? 147
07 중요한 하루 컨디션을 관리하다 153
08 감정 패턴으로 평정심 다스리다 158
09 두려움의 경계선을 한 걸음 넘어서다 163

제 4 장 동행으로 하나 되는 기쁨

01	성장의 기쁨, 그 의미 되새기다	171
02	과거에서 벗어나 오늘을 살아간다	176
03	끌어당김 법칙이 삶을 변화시키다	180
04	동반자와 함께 성숙해지다	184
05	자녀 교육, 엄마를 성장하게 하다	189
06	자녀가 나의 도전을 확장하다	194
07	갱년기를 지혜롭게 극복하다	199
08	독수리처럼 환골탈태하다	204
09	한 지붕, 두 사람 : 부부란 무엇인가?	209

── 프롤로그 ──

부부가 함께 달려갈 사명

좋은 글이나 영상을 접할 때마다 내면 깊숙한 곳이 울린다. 뇌리에 깨달음이 스치듯 다가오면 온몸에 전율이 흐르고, 눈시울이 뜨거워진다.

때로는 부끄러운 깨달음일지라도 그것은 내게 성장의 기쁨이었다. 새로운 인식의 지평이 열릴 때마다 성장통을 겪으며, 나는 그 아픔조차 기꺼이 받아들였다.

하지만 가끔은 조급한 마음에 나 자신을 해부하기 시작했다. '무엇이 잘못되었을까?' '언제부터였을까?' 스스로를 자책하며 몰아세우다 보면 감정은 깊은 수렁으로 가라앉았다.

한번 가라앉은 감정은 쉽게 돌아오지 않았다. 사소한 일에도 삼한사온의 날씨처럼 며칠은 맑다가, 며칠은 천둥 번개처럼 흐려졌다. 좌절과 회복이 끝없이 반복되었다.

다시 일어서기 위해서는 많은 시간과 노력이 필요했다. 새로운 일을 시작할 때마다 처음의 열정은 금세 사그라들었다. 분명 나는 '꿈, 사랑, 소망, 성장, 임계점, 훈련, 단련'이라는 단어에 익숙한 사람이었다.

목표가 분명해야 비로소 움직일 힘이 생겼다. 무엇이든 이기는 게 습관이었고, 큰 목표를 세우고 실천 계획을 짜는 데 자신이 있었다. 하지만 그것을 사흘 이상 꾸준히 지속하는 것은 늘 어려웠다.

수면 부족으로 낮 동안의 컨디션은 들쭉날쭉했고, 하루의 목표를 달성하려면 내 몸을 혹사시키는 고통을 감내해야 했다. 언제부터였을까, 되돌아보며 점검했지만 문제의 근원을 명확히 알 수 없었다.

결단의 문제일까, 의지가 약해진 걸까, 믿음이 연약한 탓일까, 혹은 갱년기의 영향일까. 여러 이유를 떠올려봤지만 원인을 찾지 못한 채 나는 점점 나약해져 갔고, 스스로를 자책하기 일쑤였다.

감정이 오르내릴 때마다 우울증과 불면증이 찾아왔다. 나중에야 깨달았다. 이는 의지의 문제가 아니었다. 컨디션 관리의 문제였다.

의지가 약한 것도, 목표가 불분명한 것도 아니었다. 근본적으로 에너지 관리가 제대로 되지 않았던 것이다. 의욕은 넘쳤지만 몸이 따라주지 않았다. 운동으로 체력을 길러야 한다고 생각했지만, 바쁜 일상 속에서 우선순위를 세우지 못해 좌절만 반복됐다.

몸과 영혼의 체력을 기르는 일은 결국 습관처럼 반복을 통해 근육을 키우는 과정과 같다. 눈에 보이지 않는 속근육을 단련하듯, 지루함을 이기고 꾸준히 자신을 닦아 나가는 수신의 길을 가야 했다.

비록 보이지 않는 길이라 해도 매일 비전을 되새기며 본질을 잊지 말아야 했다. 이 길은 누구를 위한 것이 아니라 나를 위한 길이었다. 자신과 싸우는 일이 곧 자신의 행복을 위한 일이었다. 어떤 방해가 있어도 단단하고 깊게, 그리고 넓게 뿌리를 내려야 했다.

내면을 들여다보는 치유의 글쓰기를 통해 나는 조금씩 나의 본질을 발견할 수 있었고, 잃었던 열정을 서서히 되찾았다. 그 시작점에는 사명과 비전에 대한 명확한 인식이 있었다.

젊은 시절부터 나는 사명을 잊고 지낸 적이 없었다. 중년이 되어서도 늘 사명을 가지고 사회에 유익한 일을 해왔다. 직장 퇴직 후에는 더욱 명확하고 분명한 사명을 새롭게 정립할 필요가 있었다.

갱년기의 고통을 겪으며 사명에 대한 인식이 새롭게 다가왔다. 이는 중년 이후라면 누구나 다시 한 번 돌아봐야 할 문제라고 생각한다.

사명 역시 인생의 계단처럼, 나이와 함께 한 단계씩 오를수록 더 높은 곳이 보인다. 주어진 사명도 더 크고 또렷한 목표로 다가왔다. 사명의 길을 걷는 일은 결국 나 자신을 위한 길이었다.

20여 년 가까이 로봇 레고 통합인지 센터를 십자가의 길이라 여기며 운영했다. 기쁨보다는 사명감으로, 감사보다는 의무로, 성취감보다는 능력을 주신 그분과 함께함을 증명하고자 하는 마음으로 일해왔다.

그 과정에서 가장 큰 실수는 너무 지쳐 감사함을 잃은

것이다. 자족하지 못하고 오로지 내 힘으로만 더 잘하려 했기에, 몸에 지나친 부담을 준 결과 극심한 번아웃과 우울증을 경험했다.

'이 정도면 할 만큼 했다'는 마음으로, 운영하던 센터를 떠나기로 결단했다. 3년간 안식년을 갖기로 하고 세상 속으로 한 발 내디뎠다. 여태껏 하지 못했던 일들에 도전하기 위해 운동에 매달렸지만 오히려 몸은 더 아파졌고, 잠은 쉽게 오지 않았다.

주변 사람들은 끊임없이 도전하는 나를 부러워했지만, 내 마음속 공허함은 점점 커져 갔다. 나는 알았다. 삶에서 사명을 잃으면 내용 없는 껍데기로 살아갈 뿐이고, 삶의 의미마저 놓친 채 무의미하게 하루하루를 보내게 된다는 것을.

어릴 때부터 나는 남보다 타인을 먼저 챙겼다. 의도한 것이 아니었으나 자연스럽게 몸이 움직였다. 신기하게도 운명처럼 느껴졌다. 내 삶에서 가장 기쁜 순간은 누군가에게 힘과 희망을 전할 때였으며, 그때 비로소 삶의 의미를 느꼈다.

이제야 진정한 비전과 사명의 의미를 깨달았다. 돌이켜

보니 모든 고난과 시련은 더 큰 사명을 위한 준비 과정이었다. 나를 살리는 길은 남을 살리는 일이었고, 그것이 내 운명이었다.

혼자 걸어오던 사명의 길도 이제는 남편과 함께이다. 갱년기를 겪으며 더욱 겸손하고 담대한 마음으로 나아가고자 한다. 우리 부부에게 주어진 마지막 사명을 찾았고, 함께 그 길을 가기로 했다.

이제 나는 작가인 남편과 함께 '부부작가 출판기획사'를 운영한다. 우리는 갱년기의 어려움을 겪는 이들이 책을 통해 자신의 가치를 인정하고 존중하며, 건강하고 활기찬 중년의 행복을 찾을 수 있도록 돕고자 한다.

가정에 한 사람이 책을 먼저 쓰면, 그것을 바탕으로 삶의 공동체인 가족들이 각자의 관점에서 경험과 가치를 더해 궁극적으로 가족 구성원 전체가 작가가 되는 것을 꿈꾼다.

다양한 시각과 목소리로 삶을 기록함으로써 가족 간의 이해와 존중이 더 깊어질 수 있다고 믿는다. 우리가 쌓아온 지혜와 경험이 단지 우리 가족만의 것이 아니라, 사회의 공공 자산으로 확장되길 바란다.

글쓰기는 나와 타인을 포용하는 중요한 매개체다. 남편과 함께 부부 작가로서 갱년기를 겪는 이들이 더욱 행복하고 건강하게 살아갈 수 있도록 돕는 일을 하고 있다.

사실 우리는 늘 사이가 좋은 부부는 아니었다. 젊은 시절엔 각자 치열하게 살았고, 중년의 어려움도 겪었다. 하지만 이후 함께 활기차게 살아가며, 우리의 경험을 토대로 책이라는 매체를 통해 여러분과 함께하는 사명을 이루고자 한다.

이 책은 갱년기 삶에서 겪은 경험과 깨달음을 솔직하게 담아낸 기록이다. 나 자신에게 진실하게 다가갈 때만이 누군가의 마음에 진정한 울림을 전할 수 있다고 믿었기에, 가능한 한 날 것인 내 생각과 감정을 그대로 글로 남기고자 했다.

저의 삶을 온 마음을 다해 담아낸 이 이야기가 독자 여러분 한 분 한 분의 마음 깊은 곳에 따뜻한 위로와 용기, 그리고 울림으로 다가가길 간절히 소망합니다. 여러분의 삶에 작은 빛이 되고, 새로운 희망과 감동이 전해지길 진심으로 바랍니다.

•
•
•

제 1 장

자기다움 싹 발아

"나는 자연입니다. 당신은 나무입니다"
나무는 자연을 거스르지 않는다.
나는 자연의 일부라는 시선으로
나를 바라보았다.

―●● 자기다움 싹 발아 ●●―

위로가 필요한 친구에게

갱년기를 힘겹게 겪던 어느 날, 문득 거울 속에 비친 나를 바라보며 '너는 누구니?'라는 생각이 들었다. 낯선 타인처럼 느껴지는 내가 서 있었다. 축 처진 어깨, 깊어진 얼굴의 주름, 드문드문 보이는 흰머리를 바라보며 '자기다움이란 무엇일까?'라는 질문에 깊이 잠겼다.

나는 과연 행복한가? 얼마나 사랑을 받았고, 주변을 얼마나 사랑했는지, 나에 대해 아는 것이 별로 없었다. 지금의 좌절 속에서, 사춘기보다 훨씬 더 큰 감정의 굴곡을 겪으며, 나는 갱년기, 즉 육춘기를 살아간다. 젊은 날의 나다움과는 또 다른 자기다움을 찾아야만 하는 과제가 내 앞에 놓였다.

오십 대에 시작된 갱년기는 육십 대에도 쉽게 끝날 줄

몰랐다. 감정적 혼란이 체화된 육체적 변화, 통증이 점점 더 심해지며 사회생활 속 자존감이 급격히 약해지고, 그 자리는 열등감이 대신했다.

사춘기 시절 철학서를 뒤지며 '인생이란 무엇일까' 고민하며 정체성을 찾으려 했던 학창시절을 뒤로한 채, 나는 갱년기가 되어 다시 정체성을 찾아간다. 나다움을 찾는 보물찾기처럼 버거운 삶 속에서 내 정체성은 숨바꼭질하듯 깊이 숨었다.

햇살에 투명하게 빛나던 구슬 같던 어린 시절의 나는 어디 있을까? 꿈이 많고 해맑았던 나는 어디로 숨어버린 걸까? 소풍날 바위틈에 숨겨진 보물을 찾듯, 나 자신을 찾는 여정은 젊은 날과 다르지 않았다.

이리저리 부딪혀 상처가 남기도 했지만, 진흙 속 조개에서 나온 무지갯빛 진주처럼 아름다운 이야기들도 있었다. 세월이 물처럼 흘러가는 동안, 갱년기의 나날은 내게 많은 변화를 가져다주었다.

달력 장을 넘기듯 떠나 보내는 육춘기의 시간이 너무나 아깝고 소중하게 느껴졌다. 사춘기 때보다 더 많은 제약과 약함 속에 육춘기를 겪으며, 젊은 날에는 생각하지 못했던 것들을 깨달았다.

나이가 들어서야 비로소 보이는 것들, 그리고 고통 속에서만 얻어지는 하루의 의미를 꼭 붙잡고 싶었다. 그러다 문득 이 모든 이야기를 글로 남기면 어떨까 하는 생각이 들었고, 정말 그렇게 하고 싶어졌다.

마음으로는 받아들이면서도 나는 계속 스스로에게 질문했다. 나답게 살아온 이야기가 책이 될 만큼 가치가 있을까? 누구나 겪는 평범한 일상 속에서, 나와 같은 육춘기의 한 여인 삶이 누군가에게 의미가 될 수 있을까? 이런 생각들이 머릿속을 맴돌았다.

누구나 겪는 일이지만 내겐 더욱 선명한 상처와도 같았던 갱년기를 지나오며, 혼란스러운 감정과 신체 변화 속에서 얻은 작은 깨달음들이 남들과는 다르게 느껴졌다. 이것만으로도 누군가에게 울림이 될 수 있다는 확신이 조금씩 움트기 시작했고, 두려움과 망설임 속에서도 글로 표현하고 싶은 열망이 커져갔다.

비록 개인적인 이야기이지만, 누구나 한 번쯤 처음으로 맞이하는 육십 대의 삶을 자기답게 살아내는 이야기는 결국 우리 모두의 이야기이기도 하다. 나 역시 글을

써 내려가면서 책을 완성하는 데에만 머무르지 않고, 나만의 자기다움을 발견하고 나 자신을 더 사랑하게 되는 소중한 기회를 얻었다.

또한, 나다운 삶을 찾아가며 얻은 지혜와, 부끄럽지만 솔직하게 털어놓은 고백들이 갱년기의 감정노동에 지친 친구들에게 작은 위로가 되고, 문제를 풀 수 있는 실마리가 될 수 있다는 확신도 들었다.

우리는 행복하고 즐겁게 살아갈 권리가 있다.
당신이 충분히 존귀하고 보배로운 존재임을 우리 모두 잊지 않기를 바란다.

── ●● 자기다움 싹 발아 ●● ──

공허함을 넘어 삶의 의미 재발견

살아오면서 거짓 없이 최선을 다해 살았다. 당연히 나의 모든 모습이 곧 나다움이라 믿었다. 그런데 문득 그게 아닐 수도 있겠다는 의문이 들었다. 지금까지 진정으로 나로 살아온 시간이 있었는지 궁금해졌다. 처음으로 객관적인 시선에서 나를 바라보게 되었다.

지나온 시간을 돌이켜보니, 관습과 학습된 규범, 규율에 갇혀 살아온 내가 보였다. 나는 강한 시부모, 군부대 내 공동체, 직장의 학부모들, 그리고 가까이 있는 남편까지, 늘 주변의 반응을 신경 쓰며 살아왔다.

내 생각과 감정조차 제대로 다루지 못한 채, 주변의 시선을 있는 그대로 받아들였다. 때로는 무너졌고, 때로는 상처투성이로 견뎠다. 마치 누군가에게 이끌리듯 살아온 내가 보였다.

무대 위에는 정작 '나'라는 주인공이 없었다. 타인의 기대와 사회의 압박 속에서 진정한 나는 사라져 있었다. 누구의 인생을 살아온 것인지 갑자기 허무해졌다. 내가 선택한 삶이 분명 맞는 것 같은데도 왜 이렇게 공허한 걸까? 질문을 던지면서도, 한편으로는 그 헤매던 시간이 있었기에 지금, 비로소 진짜 나를 마주하는 게 아닐까 하는 생각이 들었다.

자연에 순환 주기가 있듯, 우리에게도 생애 주기가 있다. 갱년기와 반대 시기인 사춘기에는 자아 정체성을 찾기 시작한다. 청소년기에는 성장호르몬으로 인해 성인의 몸으로 급격한 변화를 맞는다.

또한 생식 호르몬의 변화로 감정의 기복도 크다. 또래와의 관계가 소중해지며 사회적 관계망이 넓어진다. 자신의 정체성에 혼란을 겪기도 하지만, 그 과정에서 자아를 찾아간다.

성년기에는 사회 구성원으로 직장에서 안정된 자리를 잡고 결혼을 통해 가정을 이룬다. 전문 분야에서 성취를 이뤄 자기 성장의 기쁨을 느낀다. 육아의 책임을 감당하고 자녀의 성장을 돕는 헌신의 시기이기도 하다.

자연의 사계절처럼, 내 생에도 사춘기라는 봄을 지나 가을이 찾아왔다. 갱년기는 신체 기능의 자연스러운 변화에 적응하며, 숙성을 거쳐 성숙해지는 시기다.

그러나 내게는 호르몬 변화가 가져다준 감정적 타격이 너무 컸다. 연륜에서 오는 지혜와 오랜 시간 쌓은 지식으로 완숙함을 보이고 싶었지만, 체력의 소진으로 인해 마치 도망치듯 직장을 그만두었다. 내가 빠지면 그 일이 제대로 진행되지 않을 거라 생각했지만, 현실은 내가 없더라도 모든 일은 그대로 흘러갔다.

나와는 다르게 남편은 가장 멋지고 당당하게 자신의 존재감을 드러냈다. 신체의 연약함은 나를 우울감과 무능력감으로 이끌었다. 어리석게도, 상대적 빈곤감이 온몸에 스며들었다.

감정의 소용돌이 속에서, 사춘기부터 찾기 시작한 정체성은 갱년기에 이르러 다시 새롭게 정의되어야 했다. 인생의 위기 속에서 나다움을 찾아가는 과정은 변화하는 나를 이해하고, 자신을 받아들이는 법을 배우는 과정이었다. 그 안에서 나는 자연스럽게 숙성되고 성장했다.

나를 찾아가는 과정에서 깨달은 것은 '나다움'을 찾는 일이 결코 거창하지 않다는 점이다. 있는 그대로의 나를 따듯하게 바라봐주는 것이 곧 나다움의 시작이다. 완벽하지 않은 나, 부족하고 어눌한 나라도 괜찮다고, 그런 나를 사랑하고 보듬으며 용서할 수 있어야 한다.

그제서야 타인의 시선이나 사회적 기준에서 벗어나 온전히 나다운 모습으로 살아갈 힘이 생기고, 삶을 더욱 깊이 바라보며 의미를 재발견하게 된다.

외형은 변해도 그 속에 쌓인 경험과 지혜가 내면을 더 풍요롭고 견고하게 만들어주었다. 지금은 자신의 변화를 따듯하게 수용하며 존재 가치를 재구성하는 시간이 필요하다.

육춘기에 이르러 얻은 깨달음은, 어느 누구도 이유 없이 왔다가 의미 없이 떠나는 인생은 없다는 것이다.

"아름다운 인생을 살았노라."

내 삶이 아름다웠으며, 충분히 살아볼 만한 가치가 있었다고 크게 외치고 싶다.

우리는 당당하게 자신만의 향기를 지니고, 사랑받기 위해 태어난 사랑받기 위해 태어난 존재임을 스스로 인정하자.

·
·
·

―●● 자기다움 싹 발아 ●●―

나는 자연입니다

갱년기가 시작되면서 내 마음은 거센 파도처럼 요동쳤다. 체력은 급격히 떨어지고, 정신은 산만해졌으며, 해야 할 일은 산더미처럼 쌓여 있었지만 어느 것 하나 제대로 손에 잡히지 않았다.

끊임없이 생각하고 계획을 세워보지만 일을 시작하기도 전에 지쳐버리기 일쑤였다. 그런데도 머릿속에서는 마치 모터가 돌아가는 소음처럼 생각들이 쉴 새 없이 재생되고 있었다.

짧은 하루에 처리해야 할 일은 항상 과포화 상태였다. 몸도, 손놀림도 빨라야 했다. 효율적으로 시간을 써야 했기에 나는 동시다발적으로, 멀티태스킹이 가능한 로봇처럼 움직였다. 젊은 날 그토록 몰입하며 머리를 써가며 살아온 것이 오히려 화근이 되었던 걸까.

갱년기가 되자 뇌의 시스템이 엉키듯 작동이 원활하지 않음을 깨달았다. 그리고 그때부터 익숙했던 시스템은 자주 멈추기 시작했다. 시스템 오류는 내게 큰 실망과 좌절을 안겨주었다. '왜 내 뜻대로 안 되지?' 스스로 점검하고, 자책을 반복했다.

동시에, 어디서 온지도 모를 감정의 찌꺼기들이 내 안에 쌓이기 시작했다. 그 와중에도 머릿속은 해결책을 찾겠다며, 마치 고장난 모터가 저절로 계속 돌아가는 것처럼 멈추지 않았다.

갱년기의 심한 후유증, 마치 시스템 오류와 같은 시기를 겪고 난 뒤 나는 번아웃에 빠졌다. 모든 것이 무기력해지고, 체력은 바닥났다. 하고 싶은 것도, 즐거운 일도 없었다. 남들은 웃는데 나는 웃음이 나오지 않았다. 나는 점점 우울증을 겪고 있었다.

내 안의 나에게 제발 고요하라고 소리쳤다. 모터 소리가 멈추기를 바라며 생각을 멈추고, 우주가 품은 중력의 고요 속에서 평화를 경험하고 싶었다. 하지만 제어 장치가 고장 난 모터는 쉽게 멈추지 않았다.

나는 제발 내 머리 좀 멈추게 해달라고 외쳤다. 그때 마치 마술사가 주문을 외우는 듯한 소리가 귓가에 울렸다. 신기하게도, 그 한마디에 눈가에 주르륵 눈물이 흘렀다. 아직도 그 순간이 선명히 기억난다.

"인간은 자연입니다. 당신은 나무입니다."

나무는 자연을 거스르지 않는다. 나는 자연의 일부라는 시선으로 나를 바라보았다. 우주는 신비로운 조화를 이룬다. 태양, 비, 바람, 바위 조각, 나무, 잡초 한 포기까지도 각자의 역할을 따라 순리대로 살아간다.

자연이 자기 역할을 스스로(自) 당연하게(然) 감당한다는 것은 본연의 사명을 다하는 것이다. 자연은 본질을 잃지 않고, 욕심을 내지 않으며, 순리를 역행하지 않는다. '자연'이라는 한마디는 나의 근본에 대해 다시 생각하게 했다.

"왜 조급했을까? 나는 소나무로 태어났는데 대나무가 되고 싶어 애를 썼던 것이다. 애를 쓴다고 과연 대나무가 될 수 있을까?" 자연의 섭리를 역행하는 것은 내가 자연의 일부라는 사실을 잊었을 때 생긴 욕심이었다.

나무는 자연의 흐름 속에서 모든 것을 공급받는다. 햇살을 느끼고, 바람과 흠뻑 내린 비를 흡족하게 머금으며 잎사귀의 푸르름을 한껏 뽐낼 수 있음에 감사할 것이다.

옆의 큰 나무에 그늘과 바람막이가 되어준 것에 감사한다. 홍수 때 거센 빗줄기 속에서 큰 나무는 어린 나무가 쓰러지지 않게 뿌리를 잡아주고, 가뭄 때에는 땅속 수분을 나누며 지치지 않도록 격려해 준다. 나무는 숲속 한 가운데에서 자족을 터득하며 그렇게 더불어 숲을 이룬다.

나는 나무였다. 애써 다른 곳으로 이동할 수도 없다. 씨앗에 숨겨진 유전자의 비밀을 알 수도 없다. 나 역시 내 태생의 비밀을 성장하며 알게 되었다. 나는 몇 년 후의 내 모습이 어떻게 변해 있을지 알 수 없다.

다만 현재에 자족하며, 오늘에 충실하게 싹을 틔우고 꽃을 피우며 푸른 생명빛을 자랑하면 된다. 나도 이렇게 살아가면 되는 것이다. 내가 소나무인데 대나무처럼 빨리 키가 크지 않는다고 애태워도 달라지는 것은 없다.

'나는 자연입니다'라는 깨달음 이후, 끊임없이 돌아가던 미릿속 모터는 멈추었다. 마음의 흔들림도 조금씩 안정을 찾아갔다. 갱년기 동안 겪은 혼란과 불안 속에서 잃었던 나다움을 다시 되찾았다.

오늘도 산 꼭대기에 우뚝 선 노송처럼 자리를 지키며, 자연스럽게 나만의 삶의 리듬을 찾아 본연의 모습으로 살아가는 법을 배워가고 있다.

—•● 자기다움 싹 발아 ●•—

65세 필라테스 강사 도전하다

'진짜 나다운 모습은 어떤 것일까?' 며칠째 이 질문이 머릿속을 맴돌았다. 아로마테라피 필라테스 수업 시연에서 예상치 못한 평가를 받은 후, 나는 깊은 고민에 빠졌다. 그날 아침 "오늘은 힘을 빼고, 있는 그대로의 나로 수업하자"라고 다짐했다. 평소보다 에너지가 부족했기에 억지로 끌어올리려 하지 않았다.

정성껏 준비한 대로 아로마 오일의 은은한 향기 속에서 명상하듯 호흡에 집중해 차분하게 수업을 진행했고, 무사히 마무리했다. 시연 내내 스스로도 편안하고 이완된 기분을 느꼈다. 속으로 '이번엔 진짜 잘 해냈다'고 자부했다.

하지만 돌아온 평가는 "뭔가 모르게 나답지 않다"는 예상 밖의 말이었다. 평소처럼 적극적이고 단단한 목소리, 열정적인 에너지로 수업 분위기를 주도하는 내 모습이 아니었다는 지적이었다.

사실 그동안 에너지를 과하게 쏟는 수업을 하다 보면 한두 타임만 진행해도 몸이 지치고 목이 쉽게 쉬었다. 완벽하게 해내야 한다는 강박 때문에 경직될 만큼 긴장하며 수업에 임했다.

예상치 못한 평가를 듣고 나니, 과연 어떤 모습이 진정한 나인지 더욱 혼란스러워졌다. 그동안 '자기다움'이라 여겼던 모습이 사실은 편안한 자연스러움이 아니라, 누군가를 모방한 것이었다는 사실에 적잖이 충격을 받았다.

그 순간 나는, 정작 나 자신도 진짜 내 모습을 모른다는 것을 깨달았다. 지금까지 내가 되고 싶어 연습하고 배워 온 모습들이 모두 나라고 착각하고 있었던 것이다.

모든 행동에서 나다움을 찾아내고 정의하려 하다 보니, 오히려 더 힘들어져 갔다. 나다움에 대한 지나치게 엄격한 정의는 결국 스스로를 좁은 틀에 가두는 일이었다.

나는 끊임없이 정답만 찾으려 했고, 스스로 완벽함을 추구했다. 시연 이후, 내가 생각하던 '나다움'이 또 하나의 고정관념에 불과했다는 사실을 깊이 깨달았다.

내가 일하는 재활 필라테스 센터에는 20, 30대 젊은 강사들이 대부분이다. 내가 만난 40대 강사들조차 나이를 이유로 새로운 일을 찾아 나섰다. 하지만 나의 생각은 달랐다.

나는 65세에 필라테스 강사에 도전했다. 강사들 사이에서는 전례 없는 일이었다. 나이가 많다는 이유로 꿈을 포기하고 싶지 않았다. 오히려 나이의 특별함을 살려 갱년기 여성들을 위한 자세 교정 필라테스를 시도하고 싶었다.

나는 모든 일에 절대적인 정답은 없지만, 분명 해답은 존재한다고 생각했다. 그래서 내 신념과 개성을 믿고 내가 선택한 길을 끝까지 가기로 다짐했으며, 나만의 브랜드를 만들기 위해 전략적으로 준비했다.

갱년기 이후 내게 가장 절실했던 것은 바른 자세를 위한 교정 운동이었다. 나는 강사로서의 성장과 개인 건강, 두 가지 목표를 동시에 이룰 수 있는 특별한 위치에 있다.

나 자신을 위해 많은 시간과 돈, 노력을 쏟았다. 갱년기 이후 통증을 잡기 위해 바른 자세가 남들보다 절실했고, 틀어진 자세에서 오는 통증을 누구보다 잘 알기에 해부학과 교정에 더욱 집중할 수 있었다.

자연스럽게 내 수업의 디테일과 품질은 높아졌다. 갱년기를 겪은 이들의 고통을 잘 이해했기에, 내 어려움을 극복한 경험이 결국 나만의 강점이 되어 브랜드 구축에 확신을 주었다.

수업 시연을 계기로 내 진정한 강점이 무엇인지 더 깊이 성찰하게 되었다. 진지한 질문을 통해 답을 찾아가기 시작했다.

자기다움은 새로운 내가 되려는 고집이 아니다. 오히려 내면에서 자연스럽게 자신감이 올라오고, 나 자신을 자랑스럽게 드러낼 수 있을 때 만나는 내가 바로 나다움이다.

마치 자신을 가장 편안하고 자유롭게 해주며, 자신감을 살려주는 옷을 고르는 것과 같다. 남을 지나치게 의식해 긴장하거나 무리하게 에너지를 끌어올리면 나다움을 표현할 수 없다. 오히려 자신을 소모시키는 일이다.

나답게 표현하려면 충분한 휴식과 재충전이 필요하다. 그래야 가장 자연스럽고 자유로운 목소리와 몸짓이 나온다. 진정성 있는 상태가 될 수 있기 때문이다.

나이가 많고 갱년기의 증상을 겪고 있다는 점도 결코 약점만은 아니다. 오히려 이 경험이 특별한 강점이 될 수 있음을 잊지 말자. 인위적으로 에너지를 과시하기보다는, 약점을 강점으로 전환하려는 자신의 노력을 인정하는 것이 진정한 나다움임을 알게 되었다.

이제 나는 당당한 60대 필라테스 강사로, 나만의 노하우와 정체성으로 스스로를 자랑스럽게 표현한다. 나다움을 찾아야 한다는 강박에서 벗어나, 스스로 만든 틀에 빠지는 실수를 경계하게 되었다.

─•● 자기다움 싹 발아 ●•─

갱년기의 감정을 마주하다

갱년기의 복잡한 감정들을 하나씩 마주 보고 해소해 나가니, 무거운 짐을 내려놓은 듯 마음이 한결 가벼워졌다. 그러자 내면 깊은 곳에서 새로운 에너지가 솟아나기 시작했고, 또렷해진 나의 정체성을 바라보면서 일에도 온전히 집중할 수 있게 되었다.

예전에는 느끼지 못했던, 불필요한 감정들이 갱년기를 겪으며 나를 더욱 불안하게 만들고 있다는 걸 알게 되었다. 내 안에는 가식, 거짓, 시기, 우월감 같은 온갖 부정적인 감정이 가득했다. 이런 감정들이 내 안에서 튀어나오는 걸 보며, 이 또한 내 일부임을 인정하게 되었다.

새로운 만남이나 환경에 노출될 때면 혹시 이런 감정들이 드러날까 전전긍긍하던 적도 많았다. 그럴 때마다 나는 마치 가면을 쓴 것처럼 느꼈고, '이게 진짜 나인가?' 라는 의문에 사로잡혔다.

그럴 때마다 나 자신을 부인하고 부끄러워하며 숨기려 했다. 정직이라는 단어 아래에 나를 저울질하듯 몰두했고, 있는 그대로의 나를 바라보거나 인정하지 못했다.

스스로를 책망하며 기대에 못 미친다고 자책했다. 내가 만든 높은 기준에 얽매여 자주 자신을 벌주고, 부정적인 감정이 올라올 때마다 반복해서 반성했다.

나는 멋진 사람이 되고 싶었다. 더 나은 내가 되고자 노력하며 정보와 시간을 쏟았다. 때로는 이 모든 노력이 가식처럼 느껴지기도 했지만, 언젠가 좀 더 나은 자신이 있을 것 같아 앞만 바라보았다. 현재의 나와 내가 바라는 나, 두 모습이 내 안에 나란히 공존하고 있었다.

이제는 무엇이 진짜 나인지 모를 때면 내 안의 나에게 연민과 안쓰러움을 느끼곤 했다. 본연의 나를 찾고자 필사적으로 힘을 쏟으며 버텼다.

갱년기를 겪으며 자존감이 더욱 떨어졌다. 늘 한쪽이 허전하거나 불편했고, 감정이 자주 흔들렸다. 내 안 깊은 곳에서 이런 감정들이 자주 느껴졌다. 매번 진실이라 믿고 선택했지만, 막상 선택하고 나면 정말 진짜였을까 혼란이 찾아왔다. 수많은 감정 사이에서 점점 감정의 노예가 되어가는 느낌이 들었다.

점차 회복되면서 부정적인 감정들이 내 안에 있다는 사실을 인정하게 되었다. 심지어 틈날 때마다 이런 감정이 흐르듯 올라온다는 것도 알았다. 나는 부끄러운 내면을 조금씩 털어놓으며 좀 더 솔직하게 들여다볼 수 있게 되었다.

이런 고민이 나에게만 있는지 궁금했다. 내 안에 쌓여 있는 문제가 분명 컸다. 어떻게든 풀어야 했고, 이를 위해 큰 용기가 필요했다. 그리고 누구에게나 다양한 감정이 있다는 사실, 감추려 할수록 또다른 거짓 감정이 쌓인다는 점을 깨달았다.

사실 그것은 그저 감정일 뿐이었다. 내 안에서 이런 감정들이 올라올 때마다 '아, 이런 마음도 있구나' 하고 알아차리기만 해도 그 감정은 금세 사라지곤 했다. 심각해 보였던 많은 문제의 답이 의외로 단순했다.

인간은 누구나 모든 감정을 품고 산다. 느낌이 떠오르고 사라지는 감정을 진실이라 착각하고 마음에 쌓아둘 때 문제가 생긴다. 갱년기에는 자존감이 떨어져, 나만 느끼는 듯한 부정적 감정을 꺼내는 일에도 용기가 필요했다.

더구나 에너지가 없으면 대부분 감정을 다루지 못하고 그 노예가 되기 쉽다. 이럴 때 필요한 건, 감정을 관리할 수 있는 체력이다. 충분히 쉬며 에너지를 채우면 특별함을 발견할 수 있다.

내게는 작은 것 하나하나도 들여다보고 느끼는 예민함이 있다는 걸 알았을 때, 비로소 내 안의 혼란이 가라앉았다. 나의 민감함을 새로운 눈으로 바라볼 수 있었다.

나는 나를 바라보며 내 마음에 덕지덕지 붙은 껍질을 하나씩 벗겨내면서 큰 진리를 발견한 듯 환호했다. 하지만 곧 또 다른 감정의 껍질들을 발견하고 좌절하기를 반복했다.

그래도 괜찮았다. 나는 비틀거리면서도 계속 앞으로 나아갔다. 분명 시야가 넓어지고, 마음의 짐도 점차 가벼워지고 있었다. "느리지만 괜찮아, 아주 잘하고 있어." 이런 메시지를 나에게 건네며 정답 없는 여정을 이어가고 있다.

나는 감정의 노예가 아니라, 감정을 이해하고 수용하는 주체로서 더욱 성숙한 나를 향해 가고 있다. 내 안의 감정을 있는 그대로 바라보고 받아들이는 과정을 통해 진정한 자아를 발견할수록, 더 넓게 타인을 끌어안을 수 있게 되었다.

갱년기의 감정 기복은 자연스러운 현상이다. 이제는 그런 감정을 부정하거나 숨기지 않고, 그대로 받아들이며 알아차린다. 다양한 감정들과 평화롭게 공존하는 방법도 터득했다. 그래서 갱년기를 더욱 지혜롭게 극복할 수 있었다.

─•◦• 자기다움 싹 발아 •◦•─

내면의 고요함,
그 의미를 생각하다

당신은 지금까지 한 번이라도 깊은 내면의 목소리에 진정으로 귀 기울여 본 적이 있나요? 끊임없는 소음으로 가득한 도시의 일상 속에서, 문득 모든 소리가 멈추고 오직 당신의 심장 소리만이 온 세상을 채우는 듯한 깊은 고요함을 경험해본 적이 있나요?

마치 내 안의 가장 근원적인 자아가 끊임없이 외치는 듯한 이 소리는 우리가 잊고 살았거나, 혹은 의도적으로 외면했던 인간의 근본적인 진실을 일깨운다.

인간은 광활한 우주의 작은 일부이며, 모든 자연 속 생명과 연결되어 있다는 사실을 자주 잊고 살았다. 인간은 결코 이 거대한 생명의 흐름을 거스를 수 없다. 이 단순하면서도 강력한 진실 앞에서 비로소 새로운 평화를 만난다.

생명은 하늘의 별들처럼 서로 연결되어 있다. 매 순간 떠오르는 아침 해와 저녁 노을, 계절의 변화, 산과 강과 바다, 그리고 그 속에 살아가는 모든 생명체들이 서로를 지탱하며 살아간다.

생명은 스스로의 본질을 지키며, 다른 존재와 조화를 이루며 살아간다. 이것이 모든 존재의 사명이자 아름다움이다. 모든 것은 그 자체로 완전하다. 다른 것이 될 필요도, 비교나 경쟁을 할 필요도 없다. 조급해하지 않아도 된다.

빠르게 변하는 세상 속에서 잠시 멈춰 서면 금세 뒤처질 것만 같았다. 불안감이 올라올 때마다 스스로를 끊임없이 채찍질했다. 마치 작은 나무 한 그루가 거대한 숲을 이루고 싶어 서두르는 것과 같았다. 스스로를 있는 그대로 받아들이지 못했고, 이는 자연의 순리를 거스르는 어리석은 욕심이었다.

이 아름다운 자연의 순환 속 한 부분이라는 사실을 잊을 때, 그런 불안과 욕망은 그림자처럼 따라다닌다. 그러나 자연의 리듬에 맞춰 호흡하고, 그 속에서 주어지는 모든 것에 감사한다면 새로운 평화를 경험한다.

매 순간 느껴지는 생명의 기운에 감사하고, 모든 존재와 함께 숨 쉬며 살아가는 경이로움을 누린다. 이 모든 것이 결코 당연한 것이 아님을 깨닫는 순간, 비로소 온전한 만족과 감사함이 깃든다.

나는 이 넓은 대지의 한 부분이다. 나만의 고유한 존재 이유를 갖고 태어났음에 감사하다. 있는 그대로의 나를 바라보니 "아, 너는 참 아름답구나"라는 감탄이 자연스럽게 나온다. 이제껏 지친 삶 속에서도 내 영혼을 깨끗하게 지켜내고 잘 견뎌준 나 자신에게 진심으로 고마움을 전한다.

조용히 내 안의 작은 음성이 속삭인다. "모든 것을 내려놓아라. 그리고 회복하는 시간을 가져라. 어머니 품 같은 대지에 몸을 맡기듯 충분히 자고, 충분히 쉬고, 어깨의 힘을 툭 놓은 채 깊은 숨을 내쉬어라."

한 번도 누려보지 못했던 진정한 안식의 시간을 만끽하며, 의식이 흐르는 대로, 몸이 원하는 대로, 고요한 호수의 잔잔한 물결처럼 평화롭게 존재하는 것만으로도 풍요로움을 느낀다.

나는 눈을 뜨고 몸을 움직일 때마다 "나는 자연의 일부이다"라고 생각한다. 그러면 행동 하나하나가 부드럽고 편안하게 느껴진다. 그저 몸이 자연스럽게 움직인다. 몸과 마음이 새로운 움직임에 적응하듯 자연스러운 리듬을 탄다.

순리에 따르는 삶은 진정 아름답다. 때로는 폭풍우가 몰아치고 어둠이 찾아올 수도 있다. 삶의 굴곡과 시련이 닥칠 때도 있겠지만, 모든 아픔도 기꺼이 넓은 마음으로 품는다.

"괜찮아, 너를 믿어, 너를 인정하고 사랑해. 다른 누구와도 비교하지 않을 거야." 순간순간 마음이 복잡해지려 할 때마다 "나는 자연의 일부이며, 모든 생명과 하나로 연결되어 있다"고 되뇐다. 그러면 애쓰는 마음이 사라지고 편안해진다.

계절이 끊임없이 변하듯, 나 또한 시간의 흐름을 자연스럽게 받아들이게 되었다. 내면의 소리에 귀 기울이며 발견한 고요함은 그 어떤 외부의 소음도 뚫고 들어올 수 없는 온전한 평화를 선사한다.

나는 이 아름다운 자연의 일부로서 내 안의 고요함을

누리며, 갱년기를 새로운 시작으로 받아들인다. 이전의 불안과 혼란은 마치 안개가 걷히듯 사라지고, 그 자리에 깊은 지혜와 평온함이 자리 잡는다.

이 순간, 잠시 멈추어 내면의 고요함에 귀 기울인다. 자연의 순리에 따르며 내 안의 평화를 찾아가는 여정에서 자신만의 특별한 평화를 발견할 수 있다. 이것이야말로 갱년기를 겪으며 자연으로부터 받은 가장 소중한 선물이다.

―•● 자기다움 싹 발아 ●•―

멈춰 서야 진짜 모습이 보인다

내 인생은 마치 속도를 늦출 줄 모르는 고속열차 같았다. 단 한 순간도 멈춤 없이, 오로지 앞만 바라보며 숨가쁘게 내달렸다. 잠시라도 멈춰서면 모든 것이 무너질 것이라는 두려움, 그리고 반드시 더 빨리, 더 높이 올라가야만 한다는 강박이 오랫동안 내 삶을 지배해 왔다.

그러다 갱년기라는 커다란 고비를 만났을 때, 나는 마치 탈선 직전의 기차처럼 위태롭고 지친 상태로 내달려왔음을 문득 깨닫게 되었다.

이제는 아무것도 하지 말자, 이기적일 정도로 오롯이 나 자신에게 집중하자고 결심했다. 나는 중환자에게 하는 것처럼 스스로 단호하게 명령했다. 평생 나보다 남을 먼저 배려하며, 늘 타인의 기대에 맞춰 살아왔던 내게 이런 생각은 무척이나 낯설고 서툴렀다. 나만을 생각하겠다는 작은 선언에도 설명할 수 없는 죄책감이 밀려왔다.

하지만 더 이상 앞으로 나아갈 힘조차 남아있지 않았다. 나는 결국 모든 것을 내려놓듯, 마치 항복하듯 삶의 속도를 멈추고 오롯이 내 안을 들여다보는 시간을 가질 수밖에 없었다.

그러자, 지금껏 보지 못했던 것들이 하나둘 내 앞에 나타나기 시작했다. 나는 매일 내일의 걱정으로 오늘을 허비하고 있었고, 그렇게 망쳐버린 하루에 또다시 자책감을 느끼는 악순환에 빠져 있었다.

모든 걸 잠시 멈추고 나에게 휴식을 선물하자, 비로소 그동안 마음 깊숙이 숨어 있던 감정들과 마주할 수 있었다. 사실, 그 감정들은 꺼내 놓기도 쉽지 않은 마음들이었다. 남들에게 약해 보이는 모습은 도저히 보여줄 수 없다고 여겼고, 어쩌면 누군가의 평가나 시선을 두려워했던 것인지도 모른다.

내 안의 진심을 솔직하게 표현하는 일은 생각보다 훨씬 큰 용기가 필요했다. 누군가에게 도움을 요청하는 것도, 나를 온전히 드러내는 것도 너무 어색했다. 여지껏 내 감정을 털어놓은 적이 없었기에, 모든 것이 낯설고 머뭇거려졌다.

나는 이미 내 감정에 솔직하지 못하다는 사실을 알고 있었다. 내면 깊숙한 곳에 숨겨둔 불안과 부끄러움, 인정받고 싶은 조바심, 분노 혹은 괴리감 같은 복잡한 감정들을 글로 풀어내기 시작했다. 말로 꺼내기 힘든 마음을 한 줄, 한 줄씩 적다 보니 차츰 내 안의 묵은 감정들이 가벼워졌다.

차가운 마음의 벽을 글로 깨뜨리며 감정들을 종이 위에 펼쳐 놓으니, 어느 순간 에너지가 조금씩 되살아났다. 그제야 비로소 알 수 있었다. 내 감정을 밖으로 꺼내는 일은 결코 약함의 표시가 아니며, 오히려 진정한 나를 찾기 위한 용기 있는 첫걸음이라는 것을 말이다.

완벽하지 않아도 충분했다. 나는 오랫동안 '착하고 사랑스러운', '완벽하고 긍정적인' 모습을 가져야만 진짜 나답다고 믿어왔다. 감정에 따라 흔들리는 나의 변덕스러운 모습은 쉽게 인정할 수 없었다.

하지만 이제는 안다. 나다움이란 내가 목표로 삼고 애써 이뤄가는 이상적인 모습이 아니라, 지금 이 순간 있는 그대로의 나를 따뜻하게 바라보고 받아들이는 일이라는 사실을.

완벽하지 않아도 괜찮다고, 내면에서부터 퍼지는 조용한 위로에 힘입어 나는 서서히 나를 인정하고 품기 시작했다. 멈춰 서서 깊이 나를 돌아보니, 나는 그저 잘 해내려고 애써 힘을 주며 살아왔다.

실은 아무것도 하지 않아도, 이미 충분한 존재였다. 그런데도 괜스레 긴장하고 스스로를 옥죄며 지냈다. 이제서야 비로소 알겠다. 나다움이란 정해진 답이 아니라, 끊임없고 다정하게 나를 들여다보고 사랑해주는 과정 그 자체라는 것을.

내가 어느새 깊고 견고한 뿌리를 내린 나무처럼 흔들림 없는 존재로 성장해 있음을 알게 되었다. 이렇게 삶에서 건져 올린 깨달음을 글로 남기며, 이 위로의 문장이 언젠가 다른 누군가에게도 작은 희망의 메시지가 되어주기를 간절히 소망한다.

─●● 자기다움 싹 발아 ●◎─

고정관념을 깨고 진정한 나를 찾다

글을 쓰면서 가장 큰 도전은 내면 깊숙이 묻어두었던 생각과 감정을 마주하는 일이었다. 마치 오랫동안 잠겨 있던 상자를 여는 것처럼, 그 안에 무엇이 들어 있을지 조심스럽고 두려웠다.

이런 속마음을 이렇게까지 드러내도 되는지 모든 것이 모호하게 느껴졌다. 나이가 들어 이토록 솔직한 모습을 보이는 것도 부끄러웠다. '여기까지만 해야지' 하며 마음의 경계선을 그으려다 도리어 불편함이 올라왔다.

이제는 이러한 불편한 감정을 마주하는 것이 진정한 변화의 시작임을 알게 되었다. 사실 기대를 하면서도 마음 한편에는 '과연 60이 넘은 나이에 나다움을 찾을 수 있을까?' 하는 의심이 있었다.

책을 내는 과정에서 이 경험은 반드시 거쳐야 할 절차였다. 꼭 한 번은 지나야 하는 과정이라 모든 것을 드러내기로 결심했다. 나를 숨기려는 본능과 스스로를 치유하길 바라는 마음이 공존했다.

나는 쉽게 도움을 청하는 타입이 아니었다. 무엇이든 혼자 해결하려 애쓰는 성격이었다. 하지만 갱년기라는 큰 위기 앞에서, 나 혼자 해결할 수 없음을 여러 번의 실패를 통해 이미 깨달았다. 그리고 글은 또 다른 나의 대화자가 되어주었다.

글을 쓰며 들여다본 내면은 내게 큰 충돌이었다. 이제껏 옳다고 생각하던 것들이 흔들리기 시작했다. 내가 인정해오던 나를 스스로 배신하고 깎아내리는 듯한 고통은 두려웠지만, 오직 용감한 자만이 새로운 자신을 쟁취할 수 있다는 사실을 알고 있었다.

나는 생각했다. 지금까지 살아온 대로 산다면, 앞으로도 그만큼밖에 살 수 없다는 것을. 나는 변화하고 싶었다. 혁신이 필요했다. 나의 것을 모두 꺼내놓고, 바닥까지 비워야 새것으로 채울 수 있기에 자신을 완전히 드러냈다.

채우는 것보다 비우는 일이 이렇게 어려운 줄 미처 몰

랐다. 어느 날은 쓰나미가 지나간 것처럼 마음속 깊은 곳의 감정들이 한꺼번에 드러났다. 나는 그 감정들을 멍하게 바라보며, 변명인지 대변인지 모를 의미 없는 글들을 늘어놓았다.

명확한 질문도, 대답도 없이 혼자 이야기를 되뇌었다. 덕분에 그날 나의 저변에 깔려 있던 다양한 감정들을 꺼내 놓을 수 있었다. 그날 거울 속의 나를 온전히 마주했다.

그것이 치부처럼 느껴져도 괜찮았다. 메시지를 보내자마자 다시 지우고 싶어진 문자처럼, 밖으로 표출하는 과정이 나 스스로를 객관적으로 바라볼 수 있는 소중한 경험이 되었다.

나의 '나다움'은 희생적이고 인자하며 다정한 엄마이자 아내여야만 하는 것이 아니었다. 일을 그만두자 사회인의 꼬리표는 금세 사라지고, '엄마, 할머니, 아내'라는 역할과 의무만 남았다.

나는 내 이름 석 자의 진짜 나를 찾고 싶었다. 누구도 나를 김희자라는 한 사람으로 바라봐 주지 않았다. 다들 내가 보여준 모습만 보고, 조금만 달라져도 나를 이상하게 여겼다.

갱년기가 심해져 에너지가 바닥나니, 변덕스러운 마음이 자주 올라왔다. 화가 나고 서운한 것도 많아졌다. 일을 그만두자 나의 존재감도 점점 사라졌다. 내가 이토록 변덕스러운 사람인지 나도 몰랐다. 인정하고 싶지 않았지만, 이런 나 또한 분명 나였다.

나는 외로움에 젖어 있는 자신을 굳이 분석하거나, 부정적으로 판단할 필요조차 없음을 깨달았다. 오히려 다양한 나의 면모를 그대로 인정하고 받아들이는 것이야말로 '나다움'의 진정한 시작점이었다.

내면에 쌓인 감정들을 충분히 해소하니 마음이 한결 가벼워졌다. 그제야 정체성에 대한 불안도 줄어들었고, 앞으로 나아갈 힘이 생기기 시작했다. 점점 에너지가 차오르면서 나 자신을 존중할 수 있게 되었다.

서두르지 말아야 했다. 나를 찾아가는 과정은 사춘기를 겪듯 갱년기의 변화 속에서 내 삶에 적응하며 천천히 나를 이해하는 시간이어야 한다. 조급하다고 빨리 끝나는 일이 아님을 배웠다.

고정관념의 틀을 깨고 나오는 일은 결코 쉽지 않았다. 그 속에 갇혀 있던 나를 해방시키는 과정은 내 감정을 있는 그대로 바라보고 인정하는 용기가 필요했다. 단단한 틀에서 벗어나는 길이야말로 진정한 나를 찾아가는 여정이었다.

이제 분명히 알게 되었다. 용기 있는 첫걸음이 얼마나 값진 것인지를. 그리고 용감한 시도는 나에게 새로운 장을 여는 열쇠와 같다는 사실을. 나를 억압하던 고정관념의 틀을 과감히 열고, 뚜벅뚜벅 걸어나와 내 자아와 마주한 그 순간은 가장 아름답고 의미 있는 도전이었다.

──•◦● 자기다움 싹 발아 ●◦•──

씨앗, 내 안에 숨겨진 가능성이다

나는 이 세상에 태어난 이유가 궁금했다. 왜 나라는 사람은 이곳에 홀로 남겨져 있고, 왜 지금 이 자리에 있는지, 왜 당신과 함께 이 자리에 있는지 되짚으며, 깊은 묵상 속에서 메아리 같은 내면의 목소리를 들었다.

당신은 이 세상에서 유일무이한 특별한 존재입니다. 그렇기 때문에 당신이 누구인지 알아야 합니다. 처음 당신을 마주했을 때, 당신의 영혼은 순수하고 투명한 보석 같았습니다. '아름답다'는 말로는 부족할 만큼, 그 존재 자체가 영롱하게 빛나 보였죠.

나는 당신이 곁에 있는 모든 이들을 행복하게 해줄 거라고 믿었습니다. 당신은 그들의 가치를 일깨워주는 사랑의 힘이 있습니다. 어쩌면 당신은 이 어두운 세상을 밝히는 빛나는 등불이 될지도 모릅니다.

당신의 특별함은 당신도 모르는 사이에 대화 속에 드러났습니다. 그것은 아주 오래전, 당신을 빚으신 위대한 토기장이께서 당신 안에 심어주신 특별한 사명과 비전이었습니다.

당신에게 주어진 위대한 계획과 숨겨진 비밀은 이 세상 무엇과도 바꿀 수 없는 나에게 소중한 선물입니다. 당신이 얼마나 소중한 존재인지 반드시 알아야 합니다. 그래서 자신을 절대로 소홀히 여기지 말아야 합니다. 그래야 함께 있는 나 또한 귀한 존재가 되니까요.

당신은 처음부터 끝까지 영원한 사랑으로 택함 받은 귀한 존재입니다. 당신이 얼마나 존귀하고 보배로운 사람인지를 결코 잊지 마세요. 당신의 걸음 하나하나가 얼마나 특별하고 의미 있는지 깊이 새기길 바랍니다.

아직 많은 사람이, 어쩌면 당신조차도 당신 안에 내재된 기적을 온전히 깨닫지 못하는 것이 비밀입니다. 누구도 토기장이가 당신을 향해 심어놓은 가치를 지울 수 없습니다.

당신이 자신의 소중함을 깨닫는 순간, 비로소 진정한 성장의 여정이 시작됩니다. 안타깝게도 우리는 이정표를 미리 볼 수 없습니다. 그래서 더 설레고 기대를 품게 됩니다.

소명을 발견하기 위해 '당신'이라는 소중한 씨앗이 땅속 깊이 심어졌습니다. 따스한 햇살, 거친 바람, 때로는 거센 비바람도 찾아오겠지요. 당신은 지금 이 순간에도 땅속 깊은 곳에서 힘차게 싹을 틔우고 있습니다.

단단한 껍질을 깨고 밖으로 나오는 과정이 얼마나 어려울까요. 당신의 마음 깊은 곳엔, 껍질 속에 숨어 있는 꽃의 향기와 형언할 수 없는 아름다운 꽃잎을 상상하며 꿈이 피어날 것입니다. 맞아요, 그 꿈은 당신만이 아는 비밀입니다.

아무도 당신이 상상하는 것을 알아주거나 인정하지 않을지도 모릅니다. 그들은 볼 수 없으니까요. 그래도 괜찮아요. 그 꿈은 토기장이께서 당신에게 생명을 불어넣으실 때 함께 온 것이니, 당신은 그저 토기장이만 믿으면 됩니다.

씨앗이 땅 위, 빛의 세상과 만났을 때에는 많은 시련과 친구들이 다가옵니다. 그래도 괜찮아요. 고난의 친구들은 우리를 단련시키고, 우리는 그 과정을 통해 더욱 강해질 것입니다.

처음으로 줄기를 뻗을 때 느끼는 두려움과 놀라움이 깊이 공존합니다. 하지만 '당신'이라는 씨앗은 모든 시련을 굳건히 이겨낼 것입니다. 꼿꼿이 허리를 세우고 당당하게 줄기를 뻗어낼 것입니다.

당신은 언제나 성장을 위해 만반의 준비를 하고 있었습니다. 중요한 것은 자신만의 고유한 달란트를 잃지 않는 것임을 잊지 마세요.

힘겹게 흙을 뚫고 나왔을 때, 눈부시게 화려한 꽃들과 웅장한 나무들, 소박하지만 아름다운 들풀까지 모두가 각자의 매력을 뽐내고 있을 것입니다. 때로는 그들을 부러워할 수도 있습니다.

그러나 진정한 아름다움은 자신의 '나다움'을 따라 자라는 데 있습니다. 꽃봉오리는 자신의 계절에, 고유한 색과 향기로 만개합니다. '당신'이라는 씨앗 안에는 이미 위대한 나무가 될 모든 가능성과 잠재력이 내재되어 있습니다.

지금 당신은 인생의 중요한 전환점에서 새로운 희망의 씨앗을 심고 있습니다. 이것은 단지 위기가 아니라, 더 깊은 지혜와 성숙으로 새로운 싹을 틔우는 단 한 번뿐인 소중한 기회입니다.

당신은 더욱 단단하고 온전한 성장을 이루어낼 것입니다. 오랜 시간 땅속 깊이 뿌리를 내린 나무가 더 튼실한 나이테를 만들어가듯, 당신이 찬란하게 꽃피우는 순간까지 늘 응원하겠습니다. 당신은 사랑받기 위해 태어난 존재입니다.

당신과 함께여서 감사합니다. 당신과 사명과 비전을 나눌 수 있고, 작은 나무들과 함께 숲을 이뤄갈 수 있어 고맙습니다. 당신의 꿈을 위해, 나의 꿈을 이루기 위해 함께 응원하겠습니다.
서로의 가치를 나누며, 존귀한 동역자로 함께 성장할 수 있음에 감사합니다. 당신 안에 어떤 DNA가 있든 내가 항상 응원하고 격려할 것입니다.

나의 나무가 자라 울창한 우리의 숲이 됩니다. 해 아래, 별 빛 아래 많은 새들이 둥지를 틀고, 풀벌레들과 함께하는 우리 숲에 웃음과 기쁨이 가득하길 기대합니다. 당신은 사랑받기 위해 태어났습니다. 당신을 사랑합니다.

제 2 장

새로운 성장의 시작

나는 꿈꾼다.
백발의 90세가 되어도 하이힐을 신고
당당하게 워킹하는, 자신감 넘치는 모습을.

── ●● 새로운 성장 ●● ──

새로운 나를 발견하다

어린 시절부터 나는 남다른 감수성으로 주변 사람들의 감정을 읽고 공감하는 능력이 있었다. 어디를 가든 애늙은이처럼 친구들의 상담사 역할을 하곤 했다.

마치 상대방의 마음속에서 울리는 소리가 들리는 것처럼, 대화 속에 숨은 진실한 감정을 예민하게 포착할 수 있었다. 다른 이들은 무심코 지나치는 작은 표정 변화와 목소리의 떨림, 미묘한 몸짓 하나하나도 놓치지 않는 섬세함이 나의 특별한 재능이었다.

나의 섬세한 관찰력은 단순한 성격이 아닌, 주어진 달란트 축복이라는 생각이 문득 들었다. 대부분의 사람들이 무감각하게 지나치는 것들을 섬세하게 느끼며, 보이지 않는 것까지 알아차릴 수 있다는 것은 타인의 아픔을 공감할 수 있었기 때문이다.

이 섬세함이 타인을 도울 수 있는 특별한 능력이라는 통찰은 내게 완전히 새로운 시각을 열어주었다. 지난 시간들을 돌아보니 그 증거들을 곳곳에서 찾을 수 있었다.

나는 30년 가까이 창의 사고력 수업과 상담센터를 운영하며 수많은 아이들을 만났다. 영재 아동부터 장애나 정서적 결핍이 있는 아이들까지 상담하고 인지 교육을 진행했다.

각 아동의 특성을 면밀히 파악해 맞춤형 훈련과 학습을 제공했고, 숨겨진 잠재력을 발견하여 발전시키는 데 전력을 다했다. 일반 학교나 다른 교육기관에서 적응하지 못한 아이들이 센터로 많이 찾아왔다.

나는 그들의 재능뿐 아니라 눈빛과 몸짓에서 드러나는 특별한 영혼을 볼 수 있었다. 단순한 교육을 넘어 정서적 치유를 통해 그들의 미래를 함께 설계하며, 많은 아이들이 뛰어난 리더로 성장할 수 있었다.

40대 초반, 로봇공학을 전공하기 위해 세 번째 대학 진학을 선택한 것도 이러한 교육적 신념 때문이었다. 내가 운영하는 센터에서는 레고로 기계원리를 익히고, 자바

기반의 프로그래밍으로 하드웨어를 작동시키는 프로그램을 운영했다.

로봇 제작은 아스퍼거 증후군이나 틱장애가 있는 아동들의 집중력과 사회성 향상에 큰 도움이 되었다. 영재반과 장애아반을 함께 운영하며 세계 로봇 대회에서 우수한 성과를 거두기도 했다.

교육과 상담이라는 전문 분야에서 자신만의 방식으로 학생들의 잠재력을 개발했다. 이후 상담심리학을 깊이 연구하며 그간의 경험과 지식을 체계화하기 위해 갱년기 즈음 아동청소년 상담대학원에 진학했다.

이 과정에서 내 예민한 관찰력이 아동의 재능을 실현할 수 있는 진로상담에 큰 역할을 한다는 사실을 알게 되었다. 마음껏 아이들의 꿈을 응원하면서 내 재능도 충분히 활용할 수 있었다.

하지만 갱년기로 인해 체력적, 정신적으로 매우 힘든 시기를 보냈고, 코로나가 한창일 때 상담센터를 그만두었다. 어느 순간, 중년의 문턱에서 은퇴한 채 병들고 무능해 보이는 평범한 중년 아줌마에 불과하다는 생각이 들었다.

다시 일할 생각은 전혀 없었다. 대학 졸업 후 어린 자녀를 돌본 몇 년을 빼고는 평생 일을 놓치지 않았기에 더이상은 지쳐 일을 하고 싶지 않았다. 당시 절실하게 코칭을 통해 일상을 회복하는 것이 유일한 희망이었다.

사는 것 자체가 버겁고 두려웠다. 나에게 재능이 있다는 것은 느끼고 있었고, 관련 전공도 했지만 스스로의 한계에 부딪히고 있었다. 그때, 블랜딩 코칭 일을 함께 하자는 제안을 받았다. 이렇게 바닥에 있을 때 내가 과연 할 수 있을까?

하지만 조금씩 나를 인정해주고, 나를 필요로 하는 곳이 있다는 사실이 다시 일어설 결심의 불씨가 되었다. 청소년과 아동만을 상담했던 내가 중년을 도울 수 있을지 걱정이 되었다. 그러나 나의 달란트로 분명히 도움을 줄 대상을 찾을 수 있을 거란 확신도 들었다.

다시는 일을 하지 않겠다며 잘하던 일도 그만두고, 삼년의 안식년을 가지며 마음의 치유를 바랐지만 오히려 더 깊은 수렁에 빠져들던 시기였다. 그런데 다시 나의 재능을 인정받고, 내가 도울 사람들이 있다는 사실이 내 삶의 이유가 될 줄은 몰랐다.

글쓰기를 통해 자신을 통찰하고 분석하여 내면을 드러내는 과정은 치유이며, 자신을 새롭게 갱신하는 과정이었다. 글솜씨가 없어도 진솔하게 자신을 표현하며 정해진 절차만 따라도 오랫동안 감춰왔던 문제들을 자연히 해결하게 된다.

갱년기를 통해 영적·육적으로 느껴지는 감정이 더욱 예민하게 다가왔다. 그런 감각적 깨달음이 이 시기를 겪는 이들을 도울 수 있다는 자신감을 주었다.

글쓰기 상담은 단순한 상담을 넘어 개인의 잠재력을 최대한 이끌어내는 과정이었다. 내면의 진정한 모습을 발견하고, 자신만의 고유한 재능을 개발하도록 스스로 브랜딩하는 과정이었다. 이것이 바로 내가 잘하고 누군가를 도울 수 있는 나만의 달란트였다.

갱년기의 위기 속에서도 코치라는 직업은 내게 새로운 희망과 가능성을 제시했다. 오랜 세월 쌓아온 상담과 교육 경험, 타고난 예민한 감수성이 새로운 영역에서 더욱 빛날 수 있다는 확신도 생겼다.

30년 넘게 아동과 학부모 상담을 한 경험이 밑바탕이 되니, 나이에 감사함을 느꼈다. 젊은이들은 쌓지 못한 경륜과 시간을 쌓았기에 그 경험이 더욱 소중하게 다가왔다.

특히 나처럼 갱년기를 겪으며 감정과 육체의 고통으로 길을 잃은 중장년들에게 든든한 조력자가 되고 싶었다. 나 역시 갱년기의 호르몬 변화로 인한 감정 혼란, 불면증, 컨디션 부조화, 번뇌와 갈등, 그리고 육체적 무너짐까지 겪고서야 내면의 문제를 제대로 바라보고 스스로 문제의 실타래를 풀어낼 수 있었다.

그래서 누구나 느낄 혼돈과 좌절에 깊이 공감하며, 그들에게 내가 경험으로 얻은 성장의 기쁨을 나누고자 한다. 섬세한 관찰력이라는 재능으로 그들의 감정을 이해하고, 숨겨진 잠재력을 일깨워 미래를 설계하고 일자리 창출까지 돕는 퍼스널 브랜딩을 해줄 수 있을 것 같다.

나는 인생의 변곡점에서 새로운 도약을 했다. 제2의 인생을 시작한 나는, 그들이 자신만의 고유한 달란트를 발견하고 새 꿈을 향해 담대하게 나아가도록 돕는 안내자가 되었다. 우리 모두 갱년기를 극복하는 과정에서 진정한 성장과, 젊을 때는 느낄 수 없던 성숙하고 행복한 나를 만나 지금만 누릴 수 있는 충만함을 경험하길 소망한다.

── •●• 새로운 성장 •●• ──

버킷리스트로 나를 찾다

잭 니콜슨과 모건 프리먼이 주연한 영화 '버킷리스트'를 보며 깊은 감동을 받았다. 말기 암 환자인 두 노인이 죽기 전에 하고 싶은 일의 목록을 작성하고 실천해 나가는 모습이 내 마음을 울렸다.

영화를 보면서, 나는 죽음을 앞두고 급하게 삶의 의미를 찾기보다는 지금 이 순간 남은 시간 동안 진정한 행복을 주는 것이 무엇인지 찾아보고 싶다는 생각이 들었다.

처음에는 영화처럼 거창하고 멋진 버킷리스트를 작성해보려 했지만, 막상 펜을 들고 앉으니 쉽게 떠오르는 것이 없었다. 그제서야 깨달았다. 나는 오랫동안 타인의 기대와 사회적 역할에 몰두하느라 정작 내가 진정으로 원하는 것, 나의 진짜 꿈이 무엇인지 진지하게 고민해 본 적이 없었다는 것을.

종이에 적는 데에도 시간이 걸렸다. 무언가를 해보고 싶다는 생각 전에, 나는 먼저 나 자신이 누구인지부터 찾아야 할 것 같았다. 나라는 사람이 어떤 잠재력이 있는지, 내가 잘하는 것이 무엇인지, 전에 잘했던 것을 되돌아보며 나를 알아가는 시간을 가졌다.

문득 어린 시절로 돌아가, 그때 해보고 싶었지만 여건상 하지 못했던 것들을 떠올려 적어봤다. 훗날 이것이 오래도록 안고 있었던 열등감 극복 프로젝트가 되었다.

목표를 정하고 시도하니 활력이 생기고 살아 있음을 느꼈다. 하루하루 내가 나를 위해 존재하는 듯했다. 나이가 들어가는 것이 아니라, 매일매일 성장한다는 느낌을 경험했다. 모든 것이 다르게 보였다.

열정의 불씨가 타오르며 느꼈다. 성장하려면 변해야 한다는 것, 변화를 두려워하면 몸도 마음도 퇴보할 수밖에 없다는 걸 깨달았다. 우리는 성장을 멈추는 순간 생명력을 잃는다.

가슴 설레는 도전을 하고 싶었다. 쉽게 달성할 수 있는 목표로는 성장도, 열정도 느낄 수 없었다. 그러던 중 TV에서 시니어 모델 선발 프로그램을 보게 되었는데, 처음에는 나와는 상관없는 먼 이야기로만 느껴졌다. 그러나 한 출연자가 매회 새로운 도전을 통해 변해가는 모습을 보면서 나의 생각도 점차 달라지기 시작했다.

한 번도 상상해본 적 없는 세계였지만, 나도 도전해보고 싶다는 생각이 들었다. 실제로 실행에 옮겨 1년 프로젝트로 런웨이에 서는 것을 목표로 삼았다. 문화센터 강좌로 시작해 전문 모델학원에 등록하며 경험을 쌓았다. 행사 때마다 짙은 화장으로 전혀 다른 내가 되어 무대에 섰다.

런웨이 무대에 서는 시간은 단 3분이지만, 그 순간 나는 세상의 중심에 있는 듯했다. 디자이너가 옷에 담은 의도를 대신해 나의 몸짓과 표정에 철학을 담아, 모든 걸 승화시키며 나 자신을 마음껏 뿜어냈다.

나는 꿈꾼다. 백발의 90세가 되어도 하이힐을 신고 당당하게 워킹하는, 자신감 넘치는 모습을. 진정한 인간 승리는 이런 모습이라고 생각한다. 그 모습은 존경받지 않을 수 없는, 자신을 언미하는 혹독한 수련 끝에 가능한 일이다. 나 또한 백발이 되어서도 런웨이에 다시 도전하고 싶은 소망이 있다.

연극무대 역시 내게는 특별한 경험이었다. 공연 바로 전날, 공교롭게도 교통사고를 당했다. 당장 병원에 입원해야 할 상황이었지만, 다음 날 무대에 서고 싶은 마음에 입원하지 않고 밤새 앓았다.

그로 인해 3년 넘게 교통사고 후유증으로 고생해야 했지만, 어떠한 시간이 지나도 절대 후회하지 않는 선택이었다. 결국 나의 버킷리스트 목표는 성공적으로 이루어졌다.

연극배우의 삶 속에서 나는 다른 인생을 이해하고 표현하는 배우의 모습에 매료되었다. 젊은 시절 종종 연극과 뮤지컬 소극장을 찾곤 했다. 그때 무대 위 여배우를 꿈꾸며 매력적인 설렘을 품고 연극배우에 도전하게 되었다.

처음에는 동화구연 문화강좌로 시작했다. 발성 연습과 감정이입, 배역마다 성대모사 연습을 하며 수업은 3개월씩 기수로 이루어졌다. 수강생 중에는 여러 번 재수강하는 연극 지망생들이 많았다.

3개월의 과정을 마치고 1년에 한 번 있는 경연대회에서

합격해야만 동극단에 입단할 수 있었다. 재수강생들은 1~2년씩 경연대회를 준비했다.

나는 그 숙련된 사람들을 보며 포기해야 하나 생각할 만큼 매번 좌절을 경험했다. 하지만 그들 곁에서 조금이라도 더 배우기 위해 노력했다.

나의 버킷리스트를 이루고자 했던 열정이 우주를 감동시킨 걸까. 단 한 학기 수강만에 경연대회에서 눈물을 흘리며 관중석을 감동시키는 기적이 일어났고, 준비가 충분치 않았음에도 운 좋게 극단원이 되었다.

동화극 하나를 무대에 올리기 위해서는 많은 단원이 필요하다. 동화를 대본으로 각색하고, 무대 연출과 장치, 의상과 소품을 만들며 준비가 끝나면 배우들은 각자의 배역에 맞춰 연기 연습을 한다. 목소리 녹음, 배경음악 준비 등 많은 작업이 필요했고, 약 10개월이라는 오랜 시간과 노력이 소요된다.

나 역시 스태프를 거쳐 무대에 오르기까지 3년의 시간이 필요했다. 주말에는 400~500석 규모의 무대에서 반복 공연도 해보았다. 시작 전 무대 뒤에서 대사를 읊조리며 내 동작 하나하나를 머릿속에 그려본다. 혹시라도 내 심장 소리가 옆 배우에게 들릴까, 숨소리까지 죽이던 어두운 무대 뒤가 생각난다.

무대가 열리고 환호성과 함께 관중이 눈앞에 펼쳐지는 순간을 떠올리면, 지금도 미소가 번지고 그때의 감동에 가슴이 뛴다. 접해본 적 없는 새로운 삶과 경험은 지금의 내 삶을 훨씬 더 풍성하게 만들어 주었다. 무한한 도전은 내게 나이를 잊게 할 만큼 뜨거운 하루를 선사했다.

••• 새로운 성장 •••

수련으로 내면을 회복하다

내면의 진리를 향한 여정은 단순히 '나'라는 존재를 아는 것을 넘어, 온전한 자아를 회복하고 치유하는 과정이다. 이 여정을 통해 우리는 영혼, 몸, 마음이 분리되지 않고 하나로 연결되어 있음을 깨닫게 된다.

진정한 자신을 만나는 길은 결국 본질인 자연에서 온 진리를 마주하는 것이다. 몸과 마음을 정갈하게 하는 첫걸음은 나를 혼탁하게 만드는 모든 것을 분별하고 멀리하는 데서 시작된다.

특히 몸과 마음은 깊이 연결되어 있어, 어느 한쪽이라도 오염되면 전체가 혼탁해지기 쉽다. 이런 맥락에서 음식은 몸을 정화하는 첫 번째 수련이자, 영혼을 맑게 하는 근본적인 실전이 된다.

자연에서 온 정갈한 음식을 섭취하는 행위는 단순히 육체적 건강만을 위한 것이 아니라, 우리의 내면을 순수하게 가꾸는 거룩한 의식과도 같다. 과식하지 않는 양의 절제, 허겁지겁 먹지 않는 여유, 그리고 수련하듯 음미하는 식사는 내 몸을 존중하고 사랑하는 첫걸음이자, 자신에 대한 깊은 존중의 표현이다.

이러한 식사 수행을 통해 우리는 단순한 육체적 포만감을 넘어선 깊은 충만함을 경험하게 된다. 음식을 대하는 우리의 태도는 삶을 대하는 자세를 반영하며, 식욕을 다스리는 것은 곧 영혼을 관리하는 행위와 같다.

매 끼니마다 음식을 정성스럽게 대하고 감사히 받아들이는 과정을 통해 우리는 영혼이 맑아지고 정화되는 깊은 치유의 경험을 할 수 있다.

이러한 내적 정화와 더불어, 영혼을 맑게 지키기 위해서는 주변 환경을 정돈하는 것이 필수적이다. 정돈되지 않은 공간은 부정적인 사고를 만들고, 컨디션을 저하시킨다.

또한 필요하지 않은 사람과의 관계에서 발생하는 감정적 소모는 적극적으로 피하고 제거해야 한다. 관계에서 자신을 지킬 수 있는 경계를 설정하는 것은 내면의 평화를 수호하기 위한 필수적인 수련이다.

우리는 나이가 들수록 자신의 영혼, 몸, 마음을 깨끗하고 투명하게 관리해야 한다. 그래야 비로소 지혜가 찾아오고, 좋은 에너지가 나에게 흐르게 된다. 이런 과정을 통해 우리는 타성에 젖은 행동이나 판단이 아닌, 진리 속에서 참된 자유를 찾아가는 내면의 여정을 시작할 수 있다.

이 여정은 '나'에게 온전히 집중하고, 억압된 내면으로부터 나를 해방시키는 것이다. 참된 자유란 곧 나를 만나는 시간이며, 현재에 집중하는 시간이다. 과거의 상처와 미래의 불안에서 벗어나 오직 '지금, 여기'에 집중하는 것이 중요하다.

현재를 살아가며 나는 그동안 스스로 만들어 놓은 형식과 틀 속에 숨겨두었던 생각과 감정들을 끄집어낼 수 있게 되었다. 글을 쓰며 자신을 옥죄었던 그 틀의 실체를 발견했을 때, 나는 비로소 나를 용서하고 사랑하며 해방의 순간을 맞이했다.

깨달음은 나에게 충격이었다. 그 누구도 아닌 바로 나

자신이 스스로를 굴레 속에 가두고 있었다는 사실을 직면하게 되었다. 스스로를 심판하고 죄의식을 주었던 모든 행위를 멈춤으로써 나는 나를 해방시켰다.

자신을 용서하고 진심으로 고맙다고 안아주는 과정을 통해, 가슴에 맺혀 있던 응어리가 풀리면서 진정한 평화가 찾아왔다. 자신을 객관적으로 바라볼 수 있는 순간 내 안에 말없이 있었던 진실과 마주하게 되었고, 동시에 깊은 성찰과 내면의 치유를 경험할 수 있었다.

내면의 소리를 무시하고 혹독하게 학대하며 혹사시켰던 나는, 글을 쓰며 나다움을 찾아가는 시간을 가졌다. 내가 얼마나 존귀하고 보배로운 존재인지를 깨달음은 삶을 변화시키는 전환점이 되었다.

이제 우리는 자신을 향해 진정한 사랑과 존중의 여정을 시작해야 한다. 당신의 내면에 잠들어 있던 아름다운 가치를 발견하고, 온전한 치유와 회복으로 나아갈 때 안식과 평강이 당신에게 임할 것이다.

── •◦• 새로운 성장 •◦• ──

다시 삶의 의미를 찾다

오랫동안 나는 자신을 위한 일에는 관심이 없었다. 누군가를 위해 일하고 봉사할 때만 에너지가 솟았고, 그것이 나의 존재 이유인 것처럼 여겼다. 자녀를 위해, 남편을 위해, 이웃을 위해 늘 누군가를 보살펴야 할 대상이 필요했다.

돌이켜보면, 이는 나 자신을 제대로 마주하지 못한 핑계였는지도 모른다. 진정한 자아를 발견하지 못하고 나를 온전히 사랑해 본 적이 없었기에, 타인을 향한 헌신과 사명감으로 그 공허함을 채우려 했던 것이다.

다른 이들을 통해서만 나의 가치를 확인받으려 했던 것이 나의 모습이었다. 다행히 내게는 특별한 에너지가 있었다. 사람들의 마음을 치유하고 살릴 수 있는 힘이 내 안에 있음을 느꼈다.

누군가 힘들어 보이면 자연스럽게 다가가 이야기를 나누었고, 그럴 때마다 서로의 눈빛이 소망으로 빛나기 시작하는 경험을 여러 번 했다. 오랫동안 교육 현장에서 아이들을 변화시키는 일을 하며, 이러한 에너지가 나의 본질적 특성임을 알게 되었다.

필요로 하는 곳에서는 내재된 재능이 더욱 강하게 발현되었다. 갱년기를 지나 마음공부를 하면서 자신을 조금씩 들여다보게 되었고, 그 과정에서 이것이 내게 부여된 고유한 사명이란 사실을 깨달았다. 이는 단순한 깨달음을 넘어, 내가 이 세상에 존재해야 하는 이유임을 느끼게 해주었다.

나는 하나님의 자녀임을 믿는 신앙인이다. 하나님이 주신 사명을 이루길 소망하며 모든 시선을 하나님께 맞출 때, 사명을 이루는 과정에서 두려움은 사라졌다.

사명으로 사람을 살리는 일을 맡기셨다면 분명 그 일을 감당할 수 있는 능력도 주실 것이라 믿었다. 나도 힘들 때 누군가의 도움으로 회복되었기에, 이제 그 경험을 다른 이들과 나누고 싶은 마음이 더 커졌다.

가진 것이 많지 않았을 때에도 함께 나누어야 한다는 생각에 부담을 느껴 힘들었던 적도 있다. 그러나 어린 시절부터 믿음을 갖고 "주님이 도우시니 할 수 있다"는 긍정적 마인드가 생겼다. 목표를 향해 노력하면 반드시 이룰 수 있다는 믿음 덕분에, 헌신의 길을 걸으며 대안학교를 설립할 수 있었다.

하지만 하나님은 우리 믿음을 성장시키기 위해 고난도 허락하신다. 대안학교 20년 동안 하나님과 동행하며 예상치 못한 연단과 외로움도 겪었다. 뒤돌아보면 그 시간은 나를 단련하고 믿음을 숙성시키는 과정이었다.

이제 와서 고백할 수 있지만, 고난이 깊어질수록 나는 더욱 단단해질 수 있었다. 우리 인생에는 하나의 장벽을 넘으면 또 다른 장벽이 기다리고 있었다. 갱년기와 함께 찾아온 여러 건강 문제는 나를 완전히 다른 사람으로 변화시켰다. 그동안 굳게 믿어왔던 사명과 가치관이 흔들렸고, 한때는 심약하고 나약한 존재가 되어버렸다.

이러한 시련이 왜 나에게 왔는지 원망하고 자책하며, 누구에게나 찾아오는 생애주기의 장애를 너그럽게 받아들이지 못했다. 끝없이 샘솟던 사랑의 에너지는 고갈되고, 나 자신을 사랑하는 법마저 잊어버렸다.

방황의 시간 속에서 지금까지의 삶을 실패라 여기며 과거의 나를 완전히 부정하려 들었다. 하지만 그럴수록 더 큰 공허함이 찾아와 몸과 마음이 점점 지쳐갔다.

겉으로는 화목한 가정과 완벽한 삶을 사는 것처럼 보였다. 정말 열심히 달려왔고, 주변에서는 성공한 삶이라 평가했다. 그러나 끝내 지친 몸과 마음으로 평생 바쳐온 일을 건강 문제로 내려놓아야 했다.

일을 멈추자 자존심과 존재감마저 사라진 듯했다. 지금의 내가 진정한 내가 아닌 것 같았고, 사명감도 믿음도 흔들렸다. 나에겐 왜 살아야 하는지, 삶의 의미조차 사라져 버렸다.

모든 것을 밑바닥부터 다시 시작해야 했다. 무엇을 할 때 진정한 기쁨과 자유를 느낄 수 있을지 고민했다. 나는 바닥까지 떨어졌고, 몸과 마음을 하나씩 힘겹게 다시 일으켜 세워야만 했다.

창조주께서 심어주신 사명과 비전을 따라 살아왔지만, 삶에 지쳐 방향을 잃었다. 안식년을 갖고 전혀 다른 삶을 살아보기도 했다. 세상에 발을 내딛고, 세상의 시선에서 기쁨을 찾으려 했다.

모든 것이 허망했다. 결국 나의 공허함은 세상 것으로 채울 수 없음을 알게 됐다. 위기 속에, 더 이상 떨어질 곳이 없을 때 모든 것을 처음부터 다시 되돌아 보기로 했다. 지금 살아가야 할 이유와 의미를 새롭게 찾으려 했다. 어디서부터 잘못됐는지, 잃어버린 인생의 퍼즐 조각을 맞추고 싶었다.

갱년기는 나에게 새로운 깨달음을 전해주었다. 이는 단순한 위기가 아니라, 더 깊은 자아 성숙과 성장의 기회였다. 지나온 고난과 시련이 오히려 나를 더욱 숙성시켰고, 고통 속에서 얻은 지혜는 다른 이들을 돕는 소중한 자산이 되었다.

건강이 회복되면서, 내가 치유받은 방법으로 에너지를 나눌 수 있다는 확신이 들었다. 하나님이 나를 축복의 통로로 사용하실 것이라 믿으면서, 사명을 더 잘 감당하고 싶은 열망도 더욱 커졌다.

우리는 부부작가로 출판기획사를 함께 운영한다. 남편과 한 팀이 되어 일하게 된 것은 공통된 목적이 있기 때문이다. 우리는 갱년기 부부의 삶을 돕고, 가정에 생기를 불어넣어 세우는 일에 사명을 두었다.

1년에 조금씩 자금을 모아 선교도 다녀온다. 남을 돕는 것뿐 아니라 우리 자신도 생기로 살아나고 있으며, 점차 숙성되어 가고 있다. 삶의 모든 문제를 세상의 지식을 넘어 하늘에서 주신 지혜로 풀고자 한다.

나는 내면의 생명력을 다시 발견했다. 생명의 에너지는 나와 같은 이들을 돕고 싶다는 공감으로 성숙해졌다. 상처와 아픔을 통해 타인의 고통을 더 깊이 이해하고 공감할 수 있게 되었다고 고백한다.

이것이 바로 글쓰기를 하며 치유상담을 하게 된 가장 중요한 자질이 되었다. 내 모든 경험이 이제는 다른 이들에게 희망의 등불이 되기를 조심스레 소망한다.

모든 순간이 더 나은 자아로 성장하기 위한 소중한 과정임을 깨달았다. 그 여정 속에서 누구든 서로에게 힘이 되어줄 수 있다는 것을 믿게 되었고, 이것이 나의 글쓰기 상담 철학이 되었다.

―・― 새로운 성장 ―・―

함께할 때 더 행복하다

삶의 근본적인 물음 앞에서 나는 잠시 발걸음을 멈춘다. 나는 어떤 사명으로 살아가고 있는가? 이미 시작된 이 여정 속에서, 내게는 미련이 남은 과거의 기억들과, 기대와 불안이 공존하는 상상의 미래가 함께 존재한다. 그리고 그 사이에서 '지금'이라는 시간이 가장 귀중한 선물처럼 주어진다.

현재는 내 삶에서 가장 빛나는 순간이자, 기회의 시간이다. 이 시간을 어떻게 채워갈지, 어떤 의미와 가치를 담아낼지는 오롯이 현재의 선택에 달려 있다. 매 순간 내 결단과 선택이 모여 미래라는 아직 그려지지 않은 그림을 만들어간다는 사실을 깊이 인식하고 있다.

이 순간의 사고, 실천, 그리고 하나하나의 결정이 깨달음을 통해 내면의 본질을 성장시킨다. 이것은 단순한 성장이 아니라, 완전히 새로운 미래를 창조할 수 있다는 굳은 믿음과 연결된다. 나의 앞날은 지금의 결정에 따라 무한한 가능성으로 열리는 성숙의 삶임을 확신한다.

내게 중요한 것은 긍정적인 DNA를 내면에 심는 것이었다. 어떤 환경에서도 흔들리지 않는 마음가짐, 평화로운 정서, 감정의 동요가 없는 상태야말로 진정한 행복임을 이해했다. 인생에는 누구나 여행길에서 맞닥뜨리는 예상치 못한 수많은 시련이 있다. 그것을 피할 수는 없다.

진정한 문제 해결은 문제 상황에 부딪히며 점차 헤쳐나갈 때 보이기 시작한다. 우리는 문제 앞에서 상황 자체를 바꿀 수는 없다. 그래서 종종 좌절을 맛본다. 이럴 때 상황을 바라보는 시각을 전환해보자.

직면한 상황을 새로운 시각으로 보는 것이다. 절망하지 않고, 난관을 바로 보며 앞으로 나아가는 힘이 필요하다. 재정적인 어려움, 인간관계의 문제, 정서적 불균형 등 다양한 문제가 생겼을 때는 삶의 목적과 가치관을 명확하게 세운 후, 문제를 냉철하게 분석해야 한다.

모든 상황을 객관적으로 조망해야 한다. 그렇게 하면 분명히 해결책이 보인다. 나는 이와 같은 상황에서 부정적인 에너지를 밟고, 어떻게 긍정적인 에너지를 얻을 수 있을까 고민하게 되었다.

하늘은 언제나 우리에게 은총을 베풀 준비가 되어 있다. 진정한 부자는 성공의 비결을 함께 나누고 싶어 하지만, 실제로 그것을 배우고 실천하는 이는 많지 않다고 한다.

그렇다면, 나는 축복을 구하고 받을 준비가 되어 있는가. 우주는 누구에게나 축복을 줄 준비가 되어 있다. 비처럼, 누구든지 그것을 맞을 수 있다. 구하고 믿으면, 축복의 통로는 열릴 것이다.

지혜로운 사람은 하늘로부터 오는 무한한 에너지를 받을 수 있도록 축복의 넓은 통로를 준비한다. 그러나 욕심으로만 구하면 공급이 끊기고, 마음이 메말라진다. 반면 여러 사람을 위한 선의의 나눔에는 감사가 넘친다.

감사가 사라지는 순간, 쉽게 오만과 편견이 들어온다. 감사가 없으면 모든 것을 의무와 희생으로 받아들이게 된다. 내 안의 활력을 잘 유지하면 더욱 풍성한 긍정의 기운을 전파할 수 있다.

내가 가진 달란트는 나눌 때 더 많은 선물로 돌아온다. 베풀 때 많은 이들이 기뻐하고 위로받아 그 에너지가 또 다른 나눔으로 퍼진다. 많이 가진 자는 많이 나눌 의무가 있다.

나는 내게 주어진 달란트로 누군가의 삶을 빛나게 하고 싶었다. 나의 도움이 필요한 단 한 사람이라도 빛나게 한다면, 그 사람은 또 주위를 밝혀줄 것이다. 단 한 명에게라도 도움을 주는 존재가 되고 싶었다. 그 시작은 배우자, 자녀, 그리고 벗이었다.

나는 더 준비된 리더가 되고 싶었다. 평생 노력했지만 아직 발견하지 못한 비밀이 있다면 이제는 놓치지 않으리라 다짐한다. 하나도 놓치지 않고 배움에 진심이었다. 먼저 가치를 깨달아, 그 가치를 나눌 수 있도록 성장하고 싶었다.

내가 가진 것이 있어야 베풀고 나눌 수 있다. 그러니 먼저 앞선 자는 큰 그릇의 고통도 감당해야 한다. 지금이란 시간은 내게 너무나 귀중하다. 기회는 바로 앞에 있다. 그들보다 앞서 이 소중한 가르침을 익히고 실천하자.

일시적인 도움이 아닌, 물고기를 주는 것 대신 물고기를 잡는 법을 알려주어라. 사라지는 성공이 아닌, 영원한 진리 속에서 흔들리지 않는 사명을 이룰 수 있는 믿음의 길을 반드시 지켜내야 한다.

순수하고 성실하게 살아가지만 아직 뜻을 이루지 못한 이들에게, 감사와 환희가 넘치는 풍요로운 성공의 길을 안내하고 싶다. 진정성 있는 나눔이 확산된다면 우리 사회는 더욱 따뜻하고 아름다워질 것이다.

내면의 열망이 건설적인 에너지로 승화될 것이다. 우리는 귀중한 존재이며, 충분히 존중받을 자격이 있음을 스스로 인정하자. 그리고 당신이 활력과 지혜를 되찾는다면, 나는 그 여정을 함께할 동역자로 맞이하고 싶다.

나는 하루하루 새로운 활력을 느끼며 성장하고 있다. 모든 순간이 감사하고, 내적 변화와 성장을 실감할 때마다 깊은 만족감이 차오른다. 이 값진 경험과 통찰을 다른 이들과 나누고자 한다. 글을 쓰며 자신을 객관적으로 바라보는 시각을 유지하자.

자신에게 주어진 사명을 깨닫는 순간, 우리는 누군가의 사랑을 전하는 아름다운 도구가 될 수 있다. 육체와 영혼은 더욱 밝게 빛나고, 하늘에서 주시는 무한한 에너지를 통해 우리는 더 큰 변화를 이룰 수 있다.

그리고 자기 삶의 방향을 개척할 수 있는 지혜와 안목도 얻게 될 것이다. 이것이 진정한 성공의 길이며, 많은 이의 삶을 풍요롭고 행복하게 해주는, 눈에 보이지 않지만 무엇보다 소중한 '감사'와 '기쁨'의 조건임을 믿는다.

●•── 새로운 성장 ●•●

갱년기 맞춤형 운동 플래너 되다.

인생의 전환점에서 자신에게 도전하는 프로젝트는 늘 두려워 피했던 분야였다. 자세 교정과 운동은 나의 약점이자 콤플렉스였다. 어린 시절부터 체력에 한계를 느낄 때마다 움츠러들고 외면하곤 했다.

갱년기에 접어들면서는 더 이상 물러설 곳이 없어, 살아남기 위해 정면으로 맞서야만 했다. 이것이 내가 극복해야 할 가장 큰 과제임을 알았으나, 쉽지 않은 프로젝트라는 것도 잘 알고 있었다.

결단 끝에 시작한 운동은 요가, 올바른 자세 걷기, 필라테스, 애니멀플로우, 맨몸운동 등 다양한 자격증 취득으로 이어졌다. 이 과정을 통해 몸의 이해와 움직임, 근육의 구조에 대해 많은 지식을 쌓았다.

특히 근력 운동을 시작하기 전에 가장 시급했던 것은 자세 교정이었다. 척추 중립과 골반 교정, 발목 정렬이 우선 과제였다. 틀어진 척추로 운동을 해봤자 건강에 해로울 게 뻔했기에, 교정을 돕는 1:1 PT를 받으며 재활 근력 운동을 시작했다.

오랜 고민거리는 바르게 걷기였다. 어린 시절부터 커다란 키와 마른 체형으로 인해 걸음걸이가 특이하다는 말을 자주 들었다. 그래서 걷는 자세에 늘 콤플렉스가 있었다.

실제로 걸을수록 발목과 뒷목이 불편했고, 이는 단순히 걸음걸이의 문제가 아니라 척추 전체의 정렬 문제임을 알게 되었다.

갱년기에 시작한 요가는 수련을 거치다 보면 몸이 예쁜 바른 자세가 될 거라 기대하며 시작했다. 꾸준히 6년 동안 요가를 하며 다이어트에도 성공했다. 요가복을 예쁘게 입고 싶다는 동기로 10kg을 감량했고, 제대로 요가를 하고 싶어 3년에 걸쳐 요가 사범도 취득했다.

하지만 여전히 라운드숄더와 목 통증이 심해 한의원에서 침을 맞으며 고통스러운 시간을 보냈다. 정말 열심히 했지만, 힘든 자세들은 깊은 호흡으로 불필요한 근육을 쓰며 보상 패턴으로 버텼다.

요가 사범을 딴 후에도 운동을 하면 할수록 통증이 찾아왔고, 더 이상 교정을 미뤄선 안 된다는 생각이 항상 머릿속에 남아있었다. 해결해야 할 신체적 문제도 여전히 많았다.

무엇보다 나는 기초 체력이 부족했다. 갱년기 전까지 운동을 제대로 해본 적이 없었다. 하루의 피로가 쌓여도 하룻밤 자고 나면 전혀 회복되지 않은 상태로 다음 날을 맞곤 했다. 내 운동 입문은 요가였다.

기본 근력이 없다 보니, 체력은 바닥이었고 비만 상태로 시작한 요가 한 타임을 제대로 따라가는 데 1년이 걸렸다. 체력이 붙어도 요가를 하면 뒷목이 늘 아팠다.

문제는 수련이 아니라 기본 자세였다. 서 있는 자세 정렬을 교정하고자 애썼지만, 교정해도 밤에 자는 자세에서 금세 무너졌다. 나는 매일 바로 세움과 무너짐을 반복했다. 내 신체적 단점을 해부학적으로 분석해 도움을 줄 선생님을 찾는 것이 과제였다.

여러 운동 트레이너들은 각자의 운동 분야가 전문일 뿐, 갱년기와 같은 호르몬 변화나 비정상적인 컨디션에는 익숙지 않았다. 그들은 대부분 젊고 건강한 트레이너였다.

아무도 나의 일하는 습관에서 비롯된 자세 패턴과 피로, 그리고 타고난 체형적 결점을 해부학적으로 분석해 주지 않았다. 신체를 제대로 파악하려면 많은 시간과 비용을 투자해 오랫동안 트레이너에게 훈련을 받아야 했다. 그래서 한 명의 트레이너에게 10년 넘게 수련을 받았다.

기초부터 근력 강화까지 단계별 훈련을 시켜줄 '매니저' 같은 운동 플래너가 절실히 필요했다. 나는 급하게 요가, 헬스, 재활 맨몸운동, 수영, 바른 자세 걷기 등을 병행하며 교정 방법을 찾았다.

근력을 키우려 했지만 근육통이 심했다. 오랫동안 몸의 통증을 겪으며, 병원에서 해주는 처방은 늘 '운동을 하라'는 것이었다. 하지만 갱년기를 겪는 대부분은 제대로 운동을 배운 적이 없다.

그러나 모두 살기 위해 체육관이나 요가원을 찾는다. 하지만 자신의 체형에 맞는 운동이 무엇인지 모르는 사람들이 대부분이다. 운동할수록 통증이 심해져 끝내 포기하는 경우도 많다.

갱년기에는 운동 전문가의 도움이 꼭 필요하다. 식생활, 생활 패턴, 수면 습관, 그리고 기존의 운동 경험과 심리 상황까지 고려해 본인에게 맞는 첫걸음 운동 플래너가 반드시 필요하다.

해독과 다이어트를 병행하며 몸과 마음을 새롭게 도와줄 운동 플래너, 나는 그동안 여러 운동을 통해 얻은 지식과 절박하게 매달렸던 경험을 바탕으로 갱년기 여성을 위한 운동 플래너로 거듭났다.

─•◦• 새로운 성장 •◦•─

바른자세 걷기가 기본이다

기본 체력이 생길 때까지 10년 동안 극심한 통증을 동반한 근육통을 참으며 체력을 높이기 위해 꾸준히 운동했다. 그러나 늦은 나이에 시작해서인지 근력이 쉽게 생기지 않았다. 단백질 보충제도 소화가 잘 되지 않았고, 단백질 식단을 적용하는 것 역시 늘 숙제였다.

잦은 통증 속에 운동을 하다 보니 부상도 잦았다. 그래서 교정 운동과 근력 운동을 5:5 비율로 병행해보기로 했다. 여러 방법으로 통증을 줄여줄 곳을 찾아보았지만, 일시적인 도움이 될 뿐이었다.

나에게 가장 필요했던 것은 우선 바르게 서고 걷는 것부터 시작하는 일이었다. 근본적인 생활 습관과 나에게 맞는 바른 자세를 교정해줄 전문가를 찾는 것이 늘 나의 숙원이었다. 얼마나 간절히 관심을 가졌던지 사람들의 걸음걸이만 봐도 눈에 띌 정도였다. 두드리면 언젠가 열린다고 했던가.

내가 바른자세 교정을 위해 바르게 걷는 법을 배우게 된 계기는, 어느 가을 스웨덴의 한 여행지에서 만난 팔십 대 할머니 덕분이었다. 그때 나는 북유럽을 크루즈로 여행 중이었는데, 잠시 성당 앞에 머무르던 중 백발의 동양인 할머니 한 분이 매우 반듯한 자세로 걷는 모습이 마치 영화의 한 장면처럼 내 눈앞에 펼쳐졌다.

나는 어디서든 사람들의 자세만 주시하며, 어떻게 바른 자세로 서고 걸을 수 있을지 고민하고 있었다. 바른 자세가 먼저 선행된 후에 부위별 근육 운동을 한다면, 보다 효과적으로 근육을 관리하고 통증을 없앨 수 있을 것이라 생각했다.

그 할머니의 서 있는 모습과 한 걸음, 한 걸음 걷는 모습은 내게 경이로웠다. 나는 망설임 없이 할머니에게 달려갔다. 그리고 어떻게 그렇게 바른 자세로 걸음을 걷느냐고 물어보았다.

할머니는 마침 그곳에 여행 온 한국분이셨다. 연세가 많으셨지만 바른자세 걷기를 3년째 배우고 있다고 하셨다. 나는 주저하지 않고, 할머니가 다니시는 센터에 그 자리에서 바로 국제전화를 걸어 예약을 했다.

정말 신기한 일이었다. 나름의 논리를 세워 건강한 육체를 만들겠다는 목표를 세우고, 통증 없는 상태가 절실하게 필요함을 느꼈다. 나의 갱년기 고통까지도 인식하며 신체 정렬을 도와줄 스승을 만나길 간절히 기도했다.

오랜 시간이 흐른 후, 멀리까지 와서야 나는 그 답을 찾았다. 나는 코로나 시기 동안 바른자세 교정 강사님과 오롯이 시간을 보내며 요가를 오랫동안 가르치신 걷기 선생님께 걸음걸이와 신체 균형을 배우고, 오랜 불편함에서 벗어나겠다는 의지를 실현해나갔다.

결국 코로나 기간 동안 독과외로 이론과 함께 바른자세를 배우고 자격증을 취득했다. 통합인지센터에서 퇴근 후에는 바른자세 센터에서 강사로도 일했다. 교정은 할 때만 효과가 있고, 하루이틀만 소홀히 해도 근육은 원래대로 돌아간다. 완전히 자세가 몸에 익숙해지기 전까지는 눈물겨운 훈련이 필요하다.

몸은 계속 근력이 소실된다. 훈련과 단련을 지속적으로

하지 않으면 우리 몸은 쉽게 무너진다. 끊임없이 자신을 관찰하고 돌보는 마음가짐이 우선되어야 한다. 나는 특히 어린아이를 중심으로 반을 운영하며, 어린 시절 습관화된 바른 자세가 얼마나 중요한지 깊이 깨달아 어린이 수업을 도맡았다. 어릴 때의 습관이 평생을 좌우하기에 사명감을 가지고 아이들을 가르쳤다.

교정을 통해 얻는 바른 자세는 단순한 운동이 아니라 내 삶의 질을 높이는 중요한 과제이다. 아무도 어릴 적 바르게 걷는 법을 제대로 가르쳐주지 않는다.

아이가 태어나 뒤집고, 네발로 기다가, 두 발로 일어서 첫 걸음을 뗄 때는 모두가 박수를 치지만, 그 자세를 체크해주는 어른은 없다.

아이들은 그렇게 한 걸음을 내딛는 경험과 박수 덕분에, 스스로의 걸음에 문제나 불편함이 있다고 인정하려 하지 않는다. 우리는 이처럼 중요한 부분을 놓치는 실수를 범할 때가 많다.

나에게 아직까지 지속되는 목표는 바른자세와 바른 호흡으로 꾸준히 운동하는 것이다. 지금까지 신체에 대한 열등감을 극복하기 위해 끊임없이 노력하며 좌절과 도전을 반복하고 있다.

나는 믿는다. 그래도 오늘은 내가 성장하고 있다고. 언젠가는 고통 없이 운동하는 날이 오고, 내 신체의 문제 역시 꼭 해결해낼 것이라는 소망을 품고, 스스로 노력하는 내게 박수를 보낸다.

―――・◦・ 새로운 성장 ・◦・―――

방송촬영으로 삶의 지혜를 배우다

우리는 살아가면서 많은 사람들과 관계를 맺는다. 그 만남에 따라 에너지가 오르기도 하고, 내려가기도 한다. 누군가는 만날 때마다 내 기운을 빼앗아가고, 방송촬영처럼 새로운 활력을 불어넣어 주는 일도 있다.

특히 방송 현장에서 새로운 작가를 만나 함께 작품을 만들어가는 과정은 나에게 매우 흥미진진한 인간관계의 종합 예술이다.

인간관계에서 가장 힘든 것은 불편한 사람들과의 만남이다. 업무나 사회적으로 어쩔 수 없이 만나야 할 때, 많은 에너지를 소진하게 된다. 이는 단순한 피로를 넘어 삶의 질을 떨어뜨리는 원인이 되기노 한다.

특히 갱년기처럼 신체적·정신적으로 예민한 시기에는 이런 관계로 인한 마이너스 에너지가 치명적일 수 있다. 이럴 때 필요한 게 바로 관계의 거리두기다. 모든 관계를 같은 깊이로 유지할 필요는 없으며, 때로는 적절한 간격과 수위 조절이 필요하다.

특히 내 컨디션이 바닥났을 때 불편한 상황에 부딪히면 감정이 금세 휘둘리게 마련이다. 이럴 때는 과감하게 자리를 피하는 것이 현명한 선택이 될 수 있다.

갱년기 우울감이 올라올 때는, 스스로가 단단해지기 전까지는 불필요하고 즉흥적인 만남을 정중히 거절하는 게 좋다. 거절은 나를 위한 배려이자 자기 사랑의 표현이다.

불필요한 만남보다는 나와의 시간이 더 필요하다. 자연 속을 산책하며 새소리와 물소리를 들으며 정신적인 쉼과 육체를 동시에 강화하는 것, 그것이 내가 세상에서 가장 소중하다는 나 자신에 대한 배려다. 나를 소중히 여길 때 타인도 자연스럽게 나를 존중하게 된다.

방송촬영 과정은 새로운 만남에서 오는 불편함을 극복하는 법을 배우는 기회이기도 하다. 작가에게서 방송 섭외 전화를 받으면 겨우 5분 만에 내가 그 프로그램에 맞는 사람인지 모든 체크가 마무리되는 듯했다.

짧은 통화에서 들리는 목소리 톤과 간단한 질의응답만으로도 작가는 내 분위기를 파악한다. 그리고 회의와 협찬사 협의가 끝나면, 내 통화 내용이 방송 스크립트로 작성된다.

촬영 당일엔 PD와 촬영감독, 그리고 나의 역량이 남는다. 작가와의 통화에서도 서로의 에너지가 오간다. 확실히 끌어당김의 법칙이 적용된다. 촬영할 때도 마찬가지로 PD와 촬영감독은 나의 바람보다는 자신의 작품 퀄리티와 스폰서에 더 집중하며 과한 요구를 하기도 한다.

하지만 하루 만남의 짧은 촬영 안에서도 서로 필요한 것은 분명하다. 적절한 시점에 공감을 이끌어내는 대화는 서로의 요구를 공유하며 원원의 관계를 만든다. 부드럽게 주도권을 잡고 공동의 목표를 위해 동맹을 맺는다.

방송촬영은 체력 소모가 큰 중노동이다. 방송 분량에 따라 다르지만, 완성도 높은 구성은 주로 프로듀서, 시나리오, 그리고 인터뷰를 진행한 작가의 손에서 만들어진다.

촬영날 받은 대본은 머릿속에 그리고, 나의 경험을 스토리텔링으로 풀어낸다. 일부 작가는 인터뷰 내용을 각색하기도 한다. 처음엔 그 내용이 대본이 되어 그대로 나갈 줄은 몰랐다. 촬영 후에는 편집 과정을 거치기에 어느 정도의 여유가 있을 거라 생각한 탓이다.

첫 방송에서는 긴장한 채 PD의 요구를 아무것도 모르고 수용했다. 하지만 방송에 비친 어이없는 허상의 내용은 나를 당황스럽고 부끄럽게 만든 적도 있었다. 그땐 억울함도 소용없었다. 내가 아닌 "나"를 허락한 건 결국 나의 선택이었으니 말이다.

오늘은 촬영 있는 날이다. 예전처럼 메이크업과 헤어스타일에 신경을 쓰며 에너지를 소모하지 않는다. 평소처럼 자연스럽게 간단한 메이크업만 하고, 상황에 맞는 서너 벌의 의상만 미리 준비한다.

메이크업을 신경 쓰면 화면속 내 모습이 멋있게 나올지 몰라도, 운동하는 모습이 나올 땐 또 그게 평소의 모습이 아니라 자연스러운 맨얼굴로 출연하는 나를 오픈하기도 한다.

30여 차례 방송을 해본 지금은, 아무리 후회해도 촬영 후에는 고칠 수 없다는 걸 가슴 깊이 깨달았다. 그래서 매번 절대로 후회할 일을 만들지 않겠다고 다짐한다. 찰나의 순간이라도 느낌이 오면 수정 요청을 한다. 나 자신을 제대로 표현하고 싶다는 의지의 표현이다.

이런 소통을 통해 제작진도 내 의견을 자연스럽게 수용할 수밖에 없게 되는, 주도권이 나에게 전달되는 순간을 경험한다. 스스로의 인격과 권리를 목소리 내어 이야기하는 것, 그것이 곧 자신을 존중하고 지키는 일임을 배웠다.

프로듀서와 촬영감독이 원하는 장면을 구현하기 위해 최선을 다한다. 완성도 높은 결과물을 위해 그들이 오케이할 때까지 정성을 다한다. 이 작품이 제작진에게는 경력과 평가에 중요한 의미가 있기에, 스태프들과 나는 한마음으로 최고의 결과를 만들어내려 노력한다.

건강 프로그램 출연을 시작한 지도 벌써 6년이 되어간다. 우연히 시작된 운동 영상이 계기가 되어 건강 방송 패널이 되었고, 방송과의 인연이 깊어지면서 실력 있는 작가들과 네트워크가 형성됐다. 덕분에 촬영 시간이나 퀄리티 면에서도 인정받는 출연자가 되었다.

특히 부부가 함께 출연하는 경우가 드물어, 방송사 측에서도 손꼽는 출연자라고 한다. 피디와의 찰떡 호흡 덕분에 소개와 추천이 이어져 촬영 요청도 많이 들어온다.

하지만 방송촬영이 마냥 즐겁기만 한 것은 아니다. 얼마 전까지만 해도 불면증 때문에 컨디션이 최악인 상태로 촬영을 해야 할 때가 많았다. 때로는 하루 종일 계속되는 촬영과 다음 날까지 이어지는 촬영 일정으로, 피곤하면서도 건강해 보여야 하는 간극에서 힘들게 느껴지곤 했다.

솔직하게 그런 점을 PD에게 털어놓으면, 내 모습이 시청자에게 더 큰 영향을 줄 거라며 격려해주곤 한다. 주변은 항상 나를 건강하고 에너지가 넘치는 사람으로 본다.

갱년기를 겪으며 방송 속 모습과 현실 속 나 자신 사이의 간극을 줄이려고 무의식적으로도 노력한다. 시간이 흐르고 경험이 쌓이면서, 완벽하지 않더라도 그 과정 자체가 내게 큰 의미임을 조금씩 알게 되었다.

방송을 통해 같은 시기를 겪는 여성들에게 공감과 희망을 전하는 것, 그것이 내가 찾은 진정한 '나다움'이다.

방송에서 최선을 다해 체력의 한계를 극복한 사람의 경험담은 아직 완성되지 않았지만, 그 과정을 성실하게 살아가는 내 모습을 보여준다. 방송은 나에게 꾸준한 노력을 이어나갈 동기를 준다.

이제 방송에서도 완성도 있는 성숙한 모습을 보여주는 것을 목표로 삼고 있다. 매번 섭외 요청이 오면 준비도 못 한 채 급하게 촬영을 하던 예전과 달리, 이제는 변한 만큼 언제나 준비된 자세로 갱년기의 도전과 극복 과정을 진솔하고 완성도 있게 담아내고 싶다.

즐거운 취미가 된 방송 출연은 새로운 사람들과의 하루 만남으로 프로젝트를 빠르게 완성해 대중에게 공개되는 계기가 된다. 이는 '나다움'을 찾는 과정의 일부로, 그 기록을 남기고 싶다. 또한 화면에 비쳐지는 내 모습을 좀 더 건강한 관점에서 바라보면서, 건강한 중년의 아름다움을 완성해가기를 바란다.

방송 속 질병에서 건강을 찾은 나의 이야기가 친구들에게 위로가 되길 바란다. 우리는 함께 성장하고 나눔을 실천하는 삶을 산다. 우리만의 가치를 스스로 창조하는 프로젝트는 삶에 활력을 준다.

기회가 오면 언제든 기회를 놓치지 않고, 그것을 내 성장을 위한 동기로 삼는다. 이것이 나만의 '자기다움'을 완성해가는 이야기다.

―・ 새로운 성장 ・―

60대, 나만의 브랜드를 만들다

퍼스널 브랜딩은 특별한 사람들만 하는 것이라고 생각했다. 유명인이나 전문가, 사회적으로 인정받는 사람들의 전유물이라고 여겼다. 하지만 우연히 방송에 출연하고, 책을 쓰고, 강연까지 하면서 내 생각은 완전히 달라지게 되었다.

방송과 책을 통해 나의 이야기가 독자와 시청자들에게 울림을 준 경험은 내게 매우 소중한 자산이 되었다. 평범한 사람들에게 흔치 않은 경험이기에, '나도 브랜딩을 해볼 수 있지 않을까?' 하는 생각이 들기 시작했다.

특히 방송 작가들과 이야기를 나누며 그들이 내 이야기에 깊은 관심을 갖고 방송 출연을 적극 제안하는 것을 보면서, 내 이야기에 충분한 가치가 있음을 확신하게 되었다. 내가 가진 경험담은 다시 한번 내 힘과 영향력을 발견하는 계기가 되었다.

살아오면서 나는 누군가의 딸, 그리고 결혼 후에는 남편의 아내로 존재감을 드러냈다. 30여 년 동안 내 이름의 사업체를 운영했지만, 지금은 교육사업을 접은 상태다.

지금의 나는 갱년기와 육춘기를 겪고 있는 평범한 중년 여성일 뿐이다. 과연 나는 독립적인 인간으로서, 나를 상표화할 만큼 브랜딩할 소재가 있을까? 그러나 한 사람이라도 나의 갱년기 극복 스토리가 도움이 된다면, 그것만으로도 나를 브랜딩할 충분한 이유가 된다.

나는 지금까지 나의 성장보다는 다른 이의 성장을 돕는 일을 해왔다. 그러나 이제는 오롯이 나를 위해 설레고 열정을 쏟을 일이 필요하다고 느낀다. 진정으로 '나'로서 성취감과 만족감을 느끼고 싶다.

단순히 결과를 지켜보는 것만으로는 충분하지 않다. 그것만으로는 열정이 샘솟지 않는다. 즐겁고 행복한 일, 그리고 나의 한계를 뛰어넘는 도전 속에서 느끼는 희열을 경험하고 싶다.

하지만 전제가 있다. 나는 내 달란트를 함께 나누고 싶다. 남들 앞에 군림하며, 나만을 자랑하는 대상이 되고 싶지는 않다. 함께 성장하기를 바란다. 나는 열등감에 시달렸던 사람이었다. 어떻게든 내 열정의 불씨가 꺼지지 않기를 바라며, 발버둥치며 여기까지 왔다. 내가 한 걸음 먼저 걸어나갈 테니, 친구들도 한 걸음씩 내딛기를 바란다.

프리 에이전트란 조직을 벗어나 내가 나를 고용한다는 개념으로, 장소, 시간, 조건을 내가 선택하는 직업인이다. 내 인생을 내가 경영하고, 스스로를 고용하는 것이다. 내 콘텐츠를 만들어 홍보하고 판매하는 일도 매우 흥미롭다. 나는 나를 고용해서, 나를 경영하기로 했다.

이제 내 이름이 곧 브랜드가 된다. 내가 쓴 「이제는 용감해질 나이」, 「갱년기, 자신을 갱신하다」처럼, 나는 한계를 넘는 열등감 극복 프로젝트를 매년 글로 남길 것이다.

이 과정을 통해 나는 용기를 내어 여러 가지 프로젝트를 경험했다. 매년 실천하고, 완성한 것은 더 업그레이드된 새로운 목표로 이어졌다. 매년 바디프로필 촬영은 꾸준히 운동하는 데 큰 동기가 되었다.

이벤트성 촬영이 아니라, 평소 운동한 모습을 자연스럽게 담고 싶었다. 몸을 굶거나 수분 조절도 하지 않았다. 갑작스런 과한 준비도 하지 않는다. 매주 거르지 않고, 헬스장에서 두세 번, 교정운동과 필라테스를 하며 자연스러운 몸의 상태로 촬영하는 것이 목표다.

특히 남편과 함께 준비하는 과정은 나에게 큰 행복감을 준다. 의상 고르기, 해마다 트렌드 관찰 후 포즈 구상까지 색다른 재미다. 심지어 속옷 색깔까지 맞추고 포즈 연습을 하는 일이 60대 중년부부에게 쉬운 일은 아니다. 준비와 촬영의 모든 절차는 아직도 우리에게는 쑥스러움을 극복하는 도전이 된다.

다음 도전은 해외에서 현지인처럼 한 달 살아보기였다. 처음엔 국내에서 시작했지만, 남편이 평소 영어공부로 의사소통에 문제가 없어서 해외 한 달 살기를 시도했다. 남편에게도 매년 영어 실력이 얼마나 늘었는지 확인하는 설레는 테스트 기간이었다.

여행할 때 우리는 여행사에서 제공하는 관광지를 단순히 찍고 가는 방식을 선호하지 않았다. 현지인들의 생활과 문화를 알고 싶어서 공원, 뒷골목, 그들의 동네 주변 시장 구경을 즐겼다. 그들의 언어, 문화, 인간관계, 역사에 더 관심이 많았다.

처음에는 장거리 여행이 두려웠다. 내 체력이 버틸 수 있을지, 잠자리가 바뀌면 불면증이 더 심해질까 걱정되었다. 그래서 먼저 제주도 올레길 425km를 한 달간 걸어보기로 했다. 내 건강을 점검하기 위한 목적이었다. 하루 6시간 이상 걷는 게 피곤해 중간에 다리가 너무 아파 밤을 새운 날도 많았다.

하지만 매일 정한 코스가 있었고, 매일 SNS에 기록을 남기겠다는 약속이 있었기에, 쓰러지는 한이 있어도 계획한 일정을 마무리했다. 어차피 하루는 흘러가고, 나는 원래도 잠을 쉽게 못 자니, 가만히 있기보다 그냥 강행해보고 싶었다.

놀랍게도 20일 정도가 지나자 하루 목표 걷기가 점점 편해졌다. 다리 통증도 점점 덜해졌고, 무언가를 꾸준히 시작하고 도전하는 것은 위험만이 아니라 분명 성장이라는 보상이 있음을 깨달았다.

열등감 프로젝트라는 제목이 무색할 만큼 내게는 고난의 행군이었지만, 언젠가 프랑스 순례길을 걷고 싶다는 바람이 있었기에 단련과 훈련이 꼭 필요했다. 30일 만에 27코스와 외탄섬까지 모두 완주했다. 목표를 하나씩 달성할 때마다 나는 "조금씩 성장하고, 조금씩 더 건강해진다"고 다짐했다.

이후 미국 캘리포니아, 베트남 다낭 등 한 달 살기는 시작부터 쉽지 않았다. 6개월 전에 비행기표와 호텔을 모두 예약했지만, 출발 전에 항상 각종 '못 갈 이유'가 생겼다. 그럼에도 매번 무조건 출발을 강행했다. 먼저 나 자신을 먼저 생각하고, 나와의 약속을 지키겠다는 결단 없이는 아무것도 이룰 수 없었다.

무엇인가를 얻으려면 다른 것을 희생해야 했고, 나 자신을 존중하는 우선순위가 중요했다. 문제는 항상 있었지만, 해결은 돌아와서 하기로 했다. 다행히 우리 부부는 노트북 한 대씩을 갖고 어디서든 글을 쓰고, 줌으로 일하며, SNS로 소통할 수 있기에 진정한 디지털 노마드의 삶을 살고 있다.

앞으로 나의 버킷리스트는 텔레비전에 100번 출연하기, 프로젝트 기록물 저장·보관하기, 마라톤 5km·하프 마라톤에 도전하기 등이다. 이제 이런 버킷리스트와 프로젝트 도전은 단순한 취미가 아니라 내 성장을 위한 '육춘기 성장통 이야기'가 되고 있다.

이제 이러한 도전들은 단순한 자기 만족을 넘어, 다른

갱년기 여성들에게 희망과 용기를 주는 귀중한 콘텐츠가 되길 바란다. 나의 수많은 시행착오와 극복 과정은 같은 고민을 가진 여성들에게 공감과 위로를 전달하고, 새로운 도전을 시작할 수 있는 원동력이 되길 소망한다.

특히 SNS를 통해 공유되는 나의 일상적인 도전과 성장 스토리는 많은 이들에게 "나도 할 수 있다"는 자신감을 전하고 싶다. 나의 브랜딩은 '갱년기를 겪는 여성들의 멘토'라는 새로운 정체성을 만들고, 더 많은 여성들이 자신만의 새로운 삶을 설계할 수 있도록 이끌고 있다고 믿는다.

이것은 단순히 나를 알리고 자랑하는 일이 아니다. 누구나 해보고 싶은 콘텐츠가 중년부부에게 새로운 삶의 방향을 제시하고, 그들의 잠재력을 일깨우는 일은 갱년기 극복 여정이 일구어낸 값진 결실이다.

60대의 나이에도 나의 아픔과 열등감을 이겨내고, 그 경험으로 나만의 콘텐츠를 만들어 나를 브랜딩한다. 끊임없이 새로운 것을 도전하고, 그 과정을 진솔하게 나누며, 나와 같이 노력하고 도전하는 여성들과 손을 잡고 함께 성장하고 싶다. 바로 이 여정이야말로 진정한 의미의 퍼스널 브랜딩이다.

제 3 장

자신의 생활리듬 회복하기

나는 나무였다.
오늘에 충실하게 싹을 틔우고 꽃을 피우며
푸른 생명빛을 자랑하면 된다.

━━━●•생활리듬 회복하기•●━━━

청소를 통해 자기성찰하다

삶의 공간을 정돈한다는 것은 내면의 질서를 찾아가는 여정이다. 일상적인 청소와 정리 활동은 단순한 환경 관리 수준을 넘어, 자아를 성찰하고 삶의 방향을 재정립하는 의미 있는 과정이 될 수 있다.

우리의 생활 공간은 정신 상태를 비추는 거울과 같다. 체계적으로 정돈된 환경은 심리적인 안정과 평화로운 마음을 선사한다. 정갈하게 관리된 공간에서 우리는 더욱 선명한 통찰과 활기찬 에너지를 얻을 수 있다.

현대인들이 겪는 불안과 긴장 속에서 청소는 치유적 가치를 지닌 명상적 행위가 된다. 물건을 분류하고 공간을 정화하는 과정은 마음의 혼란을 해소할 기회를 제공한다. 일상적 경험과 감정의 흐름을 되돌아볼 때, 정리 정돈이 주는 심리적 안정감은 더욱 커진다.

청소는 새로운 시작을 알리는 의식적인 행위다. 복잡한 현대 사회에서 정리 정돈은 우리에게 갱신의 동력을 준다. 이는 과거의 흔적을 정리하고 현재를 재구성하는 치유의 의식과도 같다. 불필요한 소유물을 비우는 것은 내적 혼란까지 해소하며 새로운 가능성을 맞이할 준비를 하는 과정이다.

물건 정리는 단순한 공간 확보를 넘어, 그에 얽힌 기억과 감정을 새롭게 바라보는 작업이다. 결단력 있게 물건을 처분하는 것은 과거에서 벗어나 새로운 자아로 나아가려는 의지의 표현이기도 하다.

정돈된 환경은 우리의 심리에 직접적인 영향을 미친다. 체계적인 물건 관리와 공간 배치는 혼란스러운 사고를 정리하고, 생활 패턴을 개선하는 계기가 된다. 이는 외형적 변화를 넘어 내면의 균형을 찾아가는 여정이다.

청소 후 느끼는 신체적 피로감 속에서도 오는 상쾌함은 정신적 정화의 결과이다. 육체적 고단함은 일시적이지만, 그 뿌듯함은 내면의 쇄신에서 온다.

청소는 가족 구성원을 위한 배려이기도 하다. 깔끔하게 관리된 주거 공간은 편안한 휴식처가 된다. 이는 일과를 마치고 돌아온 가족이 온전히 재충전할 수 있도록 하는 세심한 배려의 표현이다.

나는 습관적으로 외출 전에 집을 정리한다. 나갈 때 몸을 치장하거나 화장을 하는 것보다 집안을 정리하는 것이 우선이다. 그래서 외출할 때 집안일을 하나라도 더 하려고 하다 보면 종종 시간에 쫓길 때가 있다. 그래도 이런 습관을 그리 싫어하지는 않는다.

정리하지 못한 공간을 두고 나설 때는 꽤 불편한 감정이 든다. 나는 오랜 시간 상담센터를 운영하여 가족들보다 늦게 귀가하는 경우가 많았다. 엄마가 없는 집에 들어왔을 때 정리가 안 된 혼란스러운 모습을 마주하면, 가족들이 정서적으로 지치지 않을까 걱정하는 마음이 들었다.

여행을 떠날 때면 더욱 철저하다. 어떤 경우라도 '마지막 순간까지 정돈된 모습을 남기고 싶다'는 생각에 공간을 정리한다. 이는 자기 존중의 표현이자, 타인을 위한 배려이다.

정돈되지 않은 흔적을 남기지 않으려는 노력은 품위 있는 모습을 지키고자 하는 의지이며, 동시에 돌아왔을 때 새로운 출발을 알리는 기대감의 반영이다.

청소와 정리는 자기 관리와 자아 존중의 실천이다. 이는 목욕을 통해 심신을 정화하는 행위와 같으며, 생활 공간을 가꾸는 것은 곧 내면의 자아를 다듬는 과정이다.

정결한 신체와 환경 유지는 자존감을 높여준다. 질서 있는 삶을 위한 노력은 자기 주도적 생활의 기반이 되고, 무기력을 극복하고 활력을 되찾는 원동력이 된다.

갱년기의 신체적·정서적 변화 속에서 정리 정돈은 자기 관리의 핵심 도구다. 이는 단순한 환경 개선을 넘어 내면의 혼란을 해소하고, 새로운 삶의 장을 여는 계기가 된다.

특히 감정 기복이 심해지고 신체적 변화로 스트레스가 커지는 시기에, 규칙적인 정리 활동은 심리적 안정을 유지하는 데 도움이 된다.

나는 계절이 바뀔 때 그 해에 입지 않은 옷들을 따로 구분해 둔다. 다음 계절이 되어도 생각나지 않는 옷은 그

때 처분한다. 옷을 없앤 후에도 그 옷을 찾았던 기억이 있다. 이미 없앤 것을 알고 끝내 아쉬워했던 기억이 있었기에 한 번 더 기회를 주는 셈이다.

옷은 필요에 따라 구입했을 당시에 추억이 담겨 있다. 세월이 지나 그 추억이 사라지면 자연스럽게 옷도 떠나보내게 되는 것 같다. 오래도록 가지고 있고 싶은 옷도 있다. 예를 들어, 남편의 군 예복처럼 추억이 담긴 옷은 옷장 한구석에 자리를 차지하고 있어도 볼 때마다 미소를 짓게 한다.

물건마다 각자 나름의 의미가 있다. 나는 오랫동안 보관하는 것도 있다. 친정어머니가 만들어주신 여름 홑이불이 그렇다. 내가 결혼한 지 40년이 넘었으니, 어머니가 만들어주신 지도 오십 년이 넘는다. 아직까지도 재봉틀 앞에서 그 이불을 박으시며 건네신 이야기, 어머니의 향이 배어 있는 추억의 물건이다.

가치 있는 물건을 선별해 그것을 통해 나를 표현하는 것은 자아 이해와 존중의 한 방식이다. 이러한 정리정돈의 작은 실천을 통해 갱년기를 의미 있게 맞이할 수 있다. 이는 새로운 시작을 위한 든든한 토대가 된다.

청소와 정리는 일상적인 행위를 넘어 삶의 질을 향상시키는 소중한 도구로 자리잡는다. 청소를 통한 자기 성찰은 갱년기의 변화를 수용하고, 성숙한 자아로 성장하는 기회를 제공한다.

체계적인 공간 정리를 통해 단순하고 효율적인 생활을 영위하는 것이 중요하다. 이러한 정돈 과정은 물리적 환경 개선을 넘어, 삶을 재조명하고 방향을 재설정하는 의미 있는 시간이 된다.

──●● 생활리듬 회복하기 ●●──

수면과 몸의 리듬을 조율하다

갱년기 이후 십여 년간, 나의 하루 수면 시간은 고작 두세 시간에 불과했다. 하루 종일 쌓인 피로를 풀어 줄 낮잠조차 허락되지 않는 빡빡한 일상이 계속됐다. 잠시라도 눈을 붙이고 싶은 순간에도 쉼과 휴식은 내게 감히 꿈꿀 수 없는 사치였다.

오십 대까지는 나를 개발하고 책임져야 할 일에 묶여 잠잘 시간조차 없었다. 육십 대에 들어서니 피로가 극에 달해 자고 싶어도 잠을 이룰 수 없는 역설적인 상황에 놓였다.

결국 일상생활마저 힘들어져 병원을 찾게 되었지만, 처방받은 약의 심각한 부작용으로 오히려 더 깊은 수면장애에 빠지고 말았다.

나에게 잠이란 열심히 살아감을 방해하는 불필요한 존재처럼 느껴졌다. 성가신 과제처럼 언제든 미뤄둬도 된다고 치부하며, "넌 괜찮아", "더 참아야 해"라고 스스로에게 강요한 시간이 너무 길었다.

그렇게 내 몸과 마음이 보내는 안식의 신호를 무시한 채 앞만 보고 달려왔다. 나는 피곤함을 인정하지 않았다. 스스로에게 더 버티라고, 지금은 열심히 해야 하는 시기라고, 이것만 끝내고 쉬자고 다짐했다.

이제 돌아보니 나는 나 자신을 제대로 아끼지 못했다. 가족을 걱정하면서도 정작 나를 혹사했다. 쉬거나 자겠다는 생각만으로도 언제든 가능할 거라 안이하게 여겼다.

나는 수면이 주는 쉼을 무시하거나 깎아내렸다. 자는 시간이 아깝다는 생각, 또 쉼의 긍정적 에너지가 내 안에서 늘 대립했다. 어리석게도 에너지 관리는 생각지 않고 수면을 등한시했다.

쉼이 우리에게 얼마나 절실한지 인식해야 한다. 이상하게도 피로와 잠은 항상 비례하지 않았다. 피곤해서, 혹은 머리가 복잡해서 잠이 오지 않는 날이 많았다. 변명은 언제나 있었다. 나는 스스로 잠을 잘 수 없는 구실을 만들고 있진 않았는지 돌아봤다.

어느 순간부터 밤이 두렵기 시작했다. 하루를 마감하는 어둠이 오길 기다리면서도, 막상 밤이 되면 잠이 오지 않아 그 시간이 두려웠다. 잠을 자고 싶어도 잠들지 못하는 긴 밤이 참으로 고통스럽게 느껴졌다.

병원에서의 권유로 잠자는 시간에 구애받지 않기로 했다. 이른 저녁에 너무 피곤하면 아예 일찍 취침 준비를 하고 잠자리에 들었다. 남들이 잘 시간에 깨어 있어도 두려워하지 않았다.

창밖 어둠을 피해, 나는 내 컨디션에 맞게 할 일들을 했다. 성경을 읽거나 글을 쓰는 것이 오히려 최적의 시간이었다. 몇 시간 집중해서 해야 할 일들을 해치웠다.

밖에서 새벽을 알리는 새소리가 들리고 동이 틀 무렵이 되면 에너지가 소진되는 것을 느꼈다. 그러면 전혀 죄책감 없이 취침에 들 수 있었다. 잠자는 시간에 구애받지 않는 자유로움에 감사했다.

돌봐야 할 자녀가 없고, 퇴직 후 얽매임이 없는 상황이었기에 가능한 일이었다. 내가 어느 시간에 잠을 자든 수면의 방해를 받지 않으려면 가족의 도움이 절실히 필요했다.

이렇게 하다 보니 내 몸의 에너지가 점차 회복됨을 느꼈다. 내 몸 상태에 따라 생활 패턴을 바꿔보니, 어떤 환경에서도 자신의 삶을 주도하고 컨트롤할 수 있는 자세가 길러졌다. 잠에 대한 잘못된 인식과 함께 시각과 패턴도 변화했다.

잠은 뇌가 휴식하는 시간이다. 뇌를 컨트롤할 줄 알아야 한다. 내 일부인 뇌임에도 뇌의 지배를 받는 듯 살았던 것 같다. 지금까지 잠에 대해 가진 지식이 나를 옭아매고 있었다.

잠에 대해 고민하며 해결책을 찾던 중, 나는 수면과 휴식에 대한 새로운 관점을 갖게 되었다. 잠을 방해꾼이나 시간 낭비로 여기던 과거에서 벗어났다. 고정된 사고의 틀에서 자유로워지니 하루를 시간별로 쪼개 여러 번 아침을 맞는 듯한 기분이었다.

컨디션에 따라 하루를 나눠 살아보기도 했다. 졸릴 때 잠깐 자고 일어나면 활기차게 일할 수 있었다. 나를 억압하던 잠에 대한 긴장이 풀리자 자연스럽게 밤에도 잠드는 날이 생겼다. 점차 에너지가 차오르고 체력이 보강되면서 뇌를 컨트롤할 수 있게 됐다.

잠에 대한 인식과 생활 패턴의 변화는 갱년기 수면장애를 극복하는 열쇠가 되었다. 수면은 내 몸과 마음을 재충전하고 회복시키는 소중한 시간임을 깨달았고, 이는 더 건강하고 활기찬 삶으로 이어지는 원동력이 되었다.

이제는 잠과 싸우지 않고, 내 몸과 마음이 원하는 때에 자연스럽게 안식을 받아들이며 건강한 삶의 리듬을 만들고 있다. 코칭을 통해 배운 새로운 수면의 시각이 나의 일상을 완전히 변화시켰다.

이제 충분한 휴식을 취하는 것이 삶의 질을 높이고, 더 나은 내일을 준비하는 현명한 선택임을 깊이 이해하게 되었다. 이러한 깨달음은 단순한 수면 패턴의 변화가 아니라 나 자신을 더 깊이 이해하고 사랑하게 된 소중한 전환점이 되었다.

―•● 생활리듬 회복하기 ●•―

갱년기 불면,
내 안의 평화로 치유하다

며칠째 이어지는 불면의 고통이 나를 짓누른다. 낮 시간 내내 정신이 혼미해져 일상생활조차 벅찰 지경이었다. 오늘 밤은 편안히 잠들 수 있을 것 같아 기대하며 잠자리에 들었지만, 시계는 무심하게도 새벽을 향해 달려가기만 한다.

시간이 흐를수록 육체적 피로가 더해지고, 몸은 위험 신호를 보내오지만 끊임없이 돌아가는 머릿속 생각들은 멈출 줄 모른다. 어둠이 내리는 저녁이면 하루의 모든 생각을 내려놓고 편안히 잠들고 싶은 간절함이 밀려온다.

하지만 잠자리에 들수록 오히려 정신은 더욱 또렷해진다. '반드시 잠들어야 한다'는 강박적 생각이 점차 공포로 변해 더욱 단단한 불면의 올가미가 되어 나를 옥죄어 온다.

피곤한 눈과 무거운 몸을 이끌고 침대에 누웠다. 잠들기를 기다리는데 한 통의 전화가 걸려왔다. 무심코 받은 통화의 한마디로 인해 그날 밤 두통이 생기며 감정이 쓸데없이 고조되었다.

전화를 받지 말았어야 했다. 후회가 밀려오고 동시에 걱정도 따라온다. 이를 알아차리고 순간 놀란 나는 걱정덩어리를 단단히 묶어 배출구로 내보낸다. 이제 잘 수 있겠다고 한숨 돌리려는 순간, 머릿속에는 어느새 다른 생각덩어리가 둥지를 튼다.

머리가 복잡해진다. 다행히 나는 스스로를 관찰한다. 하나의 문제를 해결하면 잠재되어 있던 다른 생각들이 다시 들어온다. 이러다 오늘 밤도 잠을 못 자는 건 아닐까 하는 불안감이 엄습한다. 매일 밤 불면의 두려움과 맞선다. 그럴 때마다 눈을 질끈 감고 과감히 생각들을 검은 상자 안에 꽉꽉 눌러 담는다.

시간이 흘러 새벽이 밝아온다. 나는 여전히 생각이 들어오는 걸 알아차리지만 그 자리에서 빠져나오지 못하고 있다. 갱년기를 겪으며 오랜 시간 동안 생각에게 나를 함부로 대하도록 내버려두었다. 밤샘 전쟁을 치렀지만 제대로 이기는 방법을 깨닫지 못했다.

실패를 거듭하며 조금씩 나를 지키는 방법을 터득해간다. 첫 단계는 생각이 들어오는 것을 알아차리는 것이었다. 그리고 단호하게 생각을 내려놓으며 나와 분리시킨다. 그러다 보면 나를 응시하던 생각들이 조금씩 희미해지며 사라지는 경험을 한다.

내가 지켜야 할 자리를 스스로 허용하지 못하고 있음을 깨달았다. 생각의 조각들에게 소중한 잠자리를 내주고 나를 갉아먹도록 내버려두었다. 갱년기의 불면증을 당연한 것으로 여기며 오랜 시간 감정의 노예가 되도록 나 자신을 방치했다.

위기 속에서 내가 찾은 호흡법은 효과적인 도구가 되었다. 마음을 가다듬고 명상호흡을 시작한다. 폐 속에 산소를 가득 채우며, 영혼과 하나 되듯 깊은 호흡에 집중한다. 그러면 마음이 고요해지고 서서히 잠에 빠져든다.

이마저도 가끔 실패할 때가 있다. 호흡이 깊어져도 밤이 깊어질수록 가슴 속 불안은 점점 커진다. 잠들지 못했다는 실패감이 깊은 좌절감으로 이어진다. 그럴 때마다 '괜찮아'라고 위축된 나를 다독인다.

때로는 누워 있는 것만으로도 휴식이 된다고 스스로를 설득한다. 지친 몸에게 위안을 건넨다. 새로운 대안으로 누운 상태로 하나, 둘, 셋 발치기를 해본다. 누운 자세에서 뒷꿈치를 붙이고 발끝을 마주치는 것이다. 정강이의 혈액순환에 도움이 되고, 장과 뇌에도 도움이 된다는 민간요법이다.

잠이 오지 않을 때 글을 써보라는 조언을 실천해본다. 그마저도 책상에 앉을 기력도 없고, 눈도 침침하다. 지금은 분명 재충전이 필요한 시간이다. 방향을 잃은 듯한 혼란 속에서, 잠자리에 집중하지 못하는 나를 발견한다.

'난 정말 안 되는 걸까, 이대로 오늘 밤도 새는 걸까?' 부정적인 생각들이 반복된다. 힘든 순간마다 나만의 방법을 찾으려 여러 가지를 모색했지만 모든 것이 헛수고였다. 나의 고통을 이해해주는 존재는 아무도 없었다.

몸도 마음도 외톨이가 되어갈 때, 수면 문제는 꼭 고칠 수 있다고 스스로에게 다짐했다. 올해 가장 큰 이슈는 무슨 수를 써서라도 수면 문제를 해결하는 것이었다.

어느 날, 우연히 기적처럼 7시간 이상 깊은 잠을 이룬 날이 있었다. 갱년기 10년 만에 처음으로 푹 잠을 잤다. 잠들기 전에 호흡명상과 안구운동을 통해 깊은 잠에 빠지는 경험을 했다. 비록 한 번뿐이었지만, 수면장애를 극복할 수 있을 것이라는 희망이 생겼다.

그날 아침, 흐릿했던 눈은 맑아졌고 몸은 가벼웠다. 양질의 수면이 주는 상쾌함을 처음 느낀 듯했다. 이제는 내가 원할 때 편안한 휴식을 취할 수 있을 것만 같았다. 이 날은 정말 행복했다.

정말 행복한 날이었다. 난 이날을 꼭 기억하고 싶었다. 성공의 기쁨, 몸의 상태, 뇌의 감정까지 모두 기억해두고 싶었다. 이날은 분명 나에게 대단한 성공의 경험이었다.

이상하게도 한 번 경험한 상쾌함을 계기로, 다음 날부터는 다시 그런 아침을 기대하게 되었다. 매일 밤 잠들기 전 그날의 기분과 감정을 기대했다. 조금씩 불면증의 원인이 일상 습관에 있다는 것을 알게 되었다.

잘못된 패턴을 다양한 방법으로 시도하며 나의 데이터를 수집했다. 사실 나는 너무 오랜 불면증에 지쳐 있었고, '어쩔 수 없다'는 자기연민 속에 갇혀 있었다. 방법을 모른다는 핑계로 스스로를 변화시키려 하지 않고 나를 정체시켰다.

감정이 치유되면서 글을 쓰기 시작했고, 나에게 글쓰기가 많은 정서들을 안정시켜주었다. 그리고 점진적인 변화가 시작되었다. 불면의 고통에서 벗어나기 위해서는 내면의 부정적 사고와 행동 패턴을 수정하는 것이 핵심이었다.

점진적으로 자기 고유의 수면 습관을 형성해갔고, 갱년기 불면을 극복하는 내적 힘을 키워갔다. 불면의 고통에서 벗어날 수 있었던 처방은 어이없게도 내 자신이 위로받고 사랑받는 존재임을 알았을 때부터 치유가 시작되었다.

갱년기에는 주체할 수 없는 외로움에 종종 쌓인다. 마치 광야에 젊음을 도적맞고 벌거벗은 채 홀로 서 있는 것 같았다. 나는 누군가 내 몸을 감싸 줄 도움의 손길이 필요했다.

나는 혼자서 십여 년을 갱년기로 고생했다. 나름 노력했지만 혼자 힘으로는 해결되지 않았다. 내가 발버둥칠수록 책망의 수렁에 빠졌고, 그런 나에게 더 실망했다.

나에겐 이유 없는 위로와 유치할 정도의 사랑이 필요했다. 도움을 줄 수 있는 사람에게 도움을 청해야 한다. 남편, 자녀, 친구에게까지 나를 수렁에서 건져달라고 지혜롭게 요청할 수 있는 용기가 필요하다.

이제는 취침 시간이 되면 '할 수 있다'는 긍정적인 마음가짐으로 하루를 마무리한다. 삶의 주체로서 건강한 수면 패턴을 확립해가고 있다. 과거 불면에 시달리던 나약한 모습에서 벗어나, 진정한 휴식을 누리는 강인한 사람으로 성장해가고 있다.

―◦● 생활리듬 회복하기 ●◦―

시간제한 식이요법 실천하다

고대 그리스의 의학자 히포크라테스는 "음식을 당신의 약으로 삼고, 약을 당신의 음식으로 삼으라"고 했다. 이는 우리가 먹는 음식이 단순한 영양 공급을 넘어 건강과 치유의 근원임을 의미한다.

음식을 준비하고 섭취하는 시간은 자신을 돌보는 치유의 과정이며, 우리의 식생활 선택은 육체와 정신 건강의 초석이 된다.

내 몸에 맞는 건강한 음식을 찾아가는 여정은 자아를 발견하는 과정과도 같다. 또한 디톡스를 통해 신체적 정화뿐 아니라 내면의 균형까지 찾을 수 있다.

매일 아침에는 유기농 코코넛 오일로 20분간 오일풀링

을 한 후 양치질을 한다. 아침과 취침 전 실천하면 입안이 종일 상쾌하고 자고 일어나도 입 냄새가 없어 구강 건강이 크게 개선된다.

양치 후에는 따뜻한 물과 찬물을 1:1로 섞어 마신다. 이 물이 식도를 타고 위장에 도달하면 내장의 따스함이 느껴진다. 아침 공복에 마시는 죽염수는 위장 컨디션을 최적화해준다.

아침마다 레몬을 껍질째 갈아 온수와 함께 섭취한다. 오후 5시쯤이면 컨디션이 저하되고 구강 내 염증이 발생하곤 했는데, 이는 허약 체질에서 오는 에너지 고갈 때문이었다. 초기에는 비타민C 보충제를 복용했으나 점차 자연식품인 레몬으로 대체했다.

레몬즙을 처음 한 달간 섭취할 때는 속쓰림이 심했다. 이후 물에 충분히 희석해 마시면서 점차 농도를 높여가 체질 개선을 도모했다. 현재는 원액 섭취에도 불편함이 없을 정도로 적응했다.

의학계에서는 레몬의 유기산이 위장 세포 재생을 촉진한다고 보고한다. 실제로 만성 위산과다 증상이 크게 줄었으며, 구연산 성분이 간 기능 개선에 효과적이라는 연구에 따라 주요 건강관리 수단으로 삼게 되었다.

나의 만성 피로도 레몬 1~2개를 섭취한 후 뚜렷이 개선되었다. 레몬은 껍질 세척이 가장 큰 문제였지만, 위생적 섭취를 위해 초음파 세척기로 꼼꼼히 세정한다.

아침 첫 식사로는 영양소 손실을 최소화하기 위해 저속 착즙기로 당근, 사과, 양배추를 착즙해 ABC 주스를 하루 두 번 섭취하기도 한다. 계절마다 구입하기 쉬운 야채즙도 번갈아가며 마신다.

야채즙은 항산화 물질이 풍부한 데친 토마토 2개, 엽산과 비타민K가 농축된 케일 5장, 수분과 미네랄이 풍부한 오이 1개, 베타카로틴이 풍부한 당근 반쪽, 철분과 항산화 성분이 많은 비트 몇 조각을 고성능 믹서기로 곱게 갈아 섭취한다.

아침 운동 후에는 계란 두 개와 유기농 단백질 선식을 추가해 영양 균형을 맞춘다. 최근 들어 일반 유제품이나 단백질 음료는 소화가 안 되어 속이 불편했지만, 죽염과 인도산 생강을 함께 섭취하면 위장 부담이 훨씬 줄어든다.

이처럼 영양가 높은 아침 식사로 포만감을 유지하며, 오전 활동을 효율적으로 할 수 있다. 점심은 일반식으로 균형 잡힌 식단을 실천한다.

나는 다이어트를 실천하며 16시간 이상의 간헐적 단식으로 오토파지 작용을 최대한 활성화하는 식단을 선택했다. 12시간 이상 공복을 유지하면 몸에 남아있는 불필요한 물질이 에너지원으로 활용되는 자가포식 원리를 이용한 방법이다.

세포가 노화 단백질과 불필요한 조직을 분해해 에너지원으로 재활용하는 과정은 2016년 노벨 생리의학상 수상 연구 주제이기도 하다. 늦은 점심식사 후 다음날 아침 채소즙 섭취까지 16시간 공복을 유지한다.

오전 8시부터 오후 4시까지 8시간 동안 두 끼를 먹는 시간제한 식이법을 실천한다. 이는 체내 생체시계와 대사리듬 최적화에 기여한다는 과학적 이론에 기반을 둔 것이다. 갱년기 때 비만을 경험한 후 건강한 식습관을 확립했다.

갱년기 신체 변화에 맞춰 음식 디톡스로 활력을 회복했다. 식사 제한과 체형 관리는 자아를 재발견하고 실현하는 의미 있는 과정이 되었다. 매일 아침 건강한 식습관을 시작으로 몸과 마음을 정화하는 의식이 되었고, 더욱 건강하고 활기찬 삶의 토대가 되었다.

나쁜 음식을 먹지 않고 공복 시간을 유지하는 식습관이 갱년기 극복의 중요한 핵심이다. 나는 갱년기 비만과 해독 다이어트의 반복된 체험을 통해 디톡스의 지혜를 얻었다. 신체적 건강을 넘어, 비움과 절제의 미학은 내면의 조화를 이루는 지침이 되었다.

이제는 음식이 곧 치유의 도구라는 히포크라테스의 통찰을 더 깊이 이해했고, 매 식사가 치유와 정화의 시간임을 새롭게 느끼게 되었다. 이러한 인식의 변화는 갱년기라는 인생의 위기 속에서 식사 시간이 더욱 의미 있는 건강의 기초가 되게 하였다.

―●● 생활리듬 회복하기 ●●―

맞춤형 건강한 운동법 찾다

"고대 로마의 '건강한 신체에 건강한 정신이 깃든다'라는 격언처럼, 운동은 몸과 마음의 건강에 필수적인 요소이다. 하지만 갱년기 이전까지 나는 운동과는 거리가 먼 삶을 살았다.

운동은 나에게 열등감의 원천이었고, 흥미도 느끼지 못했다. 운동을 시작하게 된 계기는 자발적이기보다는 무릎과 등의 통증으로 인해 수술이나 약물치료를 거부하면서 마지막 선택지로 삼게 된 것이었다.

말 그대로 울며 겨자 먹기로 운동을 시작했지만, 그 경험은 내 인생의 전환점이 되었다. 혼자 운동을 해낼 자신감이 없었기에, 분명한 목표가 없으면 쉽게 포기할 것 같아 동기부여가 필요했다.

본능적으로 승부에 민감하고 시작하면 끝을 보는 나의 작은 의지를 믿었다. 버킷리스트를 정해놓고 자격증 연수라는 목표를 설정하여 스스로를 단련의 틀에 가두었다.

운동의 시작은 생존을 위한 선택이었다. 운동에 대한 무지와 열등감이 내재했고, 트레이너의 전문용어조차 제대로 이해하지 못했다. 여러 전문 강사 자격증을 취득하기까지 15년이 넘는 시간이 걸렸다.

나는 뼈속까지 운동에 대한 깊은 두려움이 있었기에, 차근차근 연습하며 이론과 원리를 꾸준히 익혔다. 운동의 동작 하나하나가 내게는 불가능에 도전하는 과정이었고, 매일 체육관을 찾는 일 자체가 큰 시험이었다. 결코 쉬운 일이 아니었다.

그러나 오랜 시간 도전을 이어가면서 여러 자격증을 취득했고, 운동 전문가로 성장할 수 있었다.

도전 과정에서 많은 시행착오도 겪었다. 지속성을 유지하기 위해선 동기와 목표가 필요했다. 분명한 목표가 있어야 전진할 수 있는 추진력이 생긴다.

운동할 땐 한계에 부딪혀서 이를 악물고 임계점을 넘어서야 했다. 운동에서 가장 의미있는 순간은 임계점 도달의 경험이었다. 열등감을 느끼던 부분들을 하나씩 극복하는 것을 목표로 했고, 그 목표에 도달할 때마다 눈물을 흘리면서도 결국 해냈다.

러너스 하이(Runner's high)처럼 성취의 기쁨은 매우 중독적이었다. 말로 다 표현하기 힘든 도파민이 분비되어 큰 만족감과 성취감을 느꼈다. 운동을 하면서 작은 목표를 달성하고, 스스로의 한계를 극복하는 승리를 맛볼 수 있었다.

하지만 항상 좋은 결과만 있던 것은 아니있다. 노력에도 불구하고 동작을 제대로 못 하거나, 잘못된 자세로 인한 부상과 그로 인한 좌절감에 빠지기도 했다.

부상에서 완치될 때까지는 깊은 우울감에 잠기기도 했다. 지구력이 부족한 나에겐 운동은 단기간에 끝나는 것이 아니라 오랜 시간 훈련과 인내가 필요한, 극복해야 할 큰 산과 같았다.

갱년기에 시작한 운동을 통해 비로소 나 자신이 목표지향적 운동 패턴을 가지고 있음을 깨달았다. 나는 컨디션보다는 결과에만 집중했고, 고집스럽게 목표 달성에만 매달렸으며, 한계를 넘어서려 했다. 그 시간은 길었고 통증이 항상 동반됐다.

운동 강도는 컨디션에 따라 조절해야 했지만, 나는 오로지 결과치만 고집했다. 수면 부족으로 컨디션이 들쑥날쑥했고, 나 스스로 신체의 한계와 인내의 기준을 정하는 것도 어려웠다. 최고의 지도자를 만났음에도 부상은 반복됐다.

갱년기에 시작하는 운동은 타인의 운동방식 모방이 아닌, 자신만의 개성을 찾아야 하는 과정이었다. 체질, 골격근 구조, 연령, 생활리듬, 식단과 컨디션 관리까지 세심하게 고려하며 내 신체에 맞는 맞춤형 운동법을 개발해야 했다.

운동은 단순한 신체 단련을 넘어 자아 실현의 과정이었다. 처음엔 통증 완화를 위해 필요에 의해 시작했지만, 점차 한계에 도전하고 극복하는 동안 새로운 가능성을 발견했다. 자격증 획득이나 임계점 도달의 경험들은 내 잠재력을 깨우는 소중한 계기가 됐다.

운동 과정에서 육체뿐만 아니라 나의 영혼까지 존중하

고 사랑하는 법을 배웠다. 자기 인식으로 운동 강도를 조절하는 지혜도 얻었다. 이런 깨달음은 내 성장의 시작점이었고, 스스로 건강한 삶의 방향을 설계하게 했다. 운동은 내 삶에 변화의 원동력이 됐다.

갱년기라는 전환점에서 시작한 운동은 심신의 균형을 찾고 정체성을 재정립하는 계기가 됐다. 과거의 열등감은 성취감과 자신감으로 바뀌었다. 체력의 한계를 넘어서며 얻은 자신감은 더 큰 모험을 꿈꾸는 발판이 됐다.

운동을 통한 도전뿐 아니라, 삶의 다양한 도전에서도 기쁨과 충만함을 느낄 수 있다면 어떤 모험이라도 시도해 보고 싶어졌다.

앞으로도 내 컨디션에 맞는 한계와 목표를 설정할 것이다. 아직 경험해보지 못한 더 높은 산을 오르고, 더 먼 길을 걸으며 또 다른 내 한계를 시험해 보고 싶다. 남과의 경쟁이 아닌, 나 자신과의 경쟁에서 이기면 그만이다. 갱년기에 당황하는 이들에게 도전에 대한 열정과 용기를 전하고 싶다.

─●● 생활리듬 회복하기 ●●─

프로필, 진정한 나를
어떻게 드러낼 것인가

우리는 살아가면서 많은 에너지를 소비한다. 그중에서도 가장 큰 에너지 소비는 타인의 시선을 의식하는 데에서 비롯된다. 남에게 잘 보이고 싶은 마음은 자연스러운 감정이지만, 자칫하면 나다움의 본질을 잃을 수 있다.

자기다움을 찾는 과정에서 '미디어 덜어내기 프로젝트'에 참여한 적이 있다. 우리는 어느새 내가 어떤 그룹에 속해 있는지도 모를 만큼 수많은 단체 카톡방에 둘러싸여 지낸다.

매일 수도 없이 많은 메시지가 쏟아진다. 한가할 때 핸드폰을 들여다보고 있노라면, 미디어 세상은 나를 더욱 분주하고 산만하게 만든다. 첫 번째 미션은 카카오톡 단

체방에서 나가기와 프로필 사진 모두 지우기였다.

특별하게 의미 있는 사진 한 장만 남기는 것이 미션이었다. 돌이켜보면, 나는 버킷리스트를 달성할 때마다 그 순간의 성취를 마치 역사적 기록물처럼 프로필 사진에 차곡차곡 쌓아두었다.

사실 '이런 사람이에요'라고 보여주고 싶었고, 그것이 나 자신을 찾는 과정이라 생각했다. 솔직히 남에게 보이기 위한 목적만 있던 것은 아니었다. 실제로 있었던 일들을 기록한 결과였다.

나는 들뜨고 긴장된 상태가 아닌, 그저 편안해지고 싶은 마음이 더 컸다. 새로운 영역을 경험하는 과정이었기에 제안받은 미션 역시 가벼운 마음으로 실행했다. 프로필에서의 나의 이미지를 생각해보았다. '선한 영향력을 끼치는 진정성 있는 리더'라고 표현하고 싶었다.

그래서 그런 성격의 프로필 사진을 올렸고, 바디 프로필과 방송 영상 사진은 하나씩 삭제해 나갔다. 그런데 놀랍게도 마음 한구석에 시원함이 스며들었다.

순간, 화려함과 우월감으로 나를 드러내려 했던 건 아니었는지 되짚어 보았다. 가만히 있으면 존재감이 묻힐까 봐, 스스로 증명해야만 인정받을 수 있다고 믿었던 건 아니었는지 깊이 성찰하는 시간이었다. 우리가 만든 이미지가 때로는 진정한 자아를 가리는 장막이 될 수 있다는 사실도 깨달았다.

성취감을 나누고 싶었던 마음이 있었음을 솔직히 인정한다. 새로운 도전을 해낸 내가 자랑스러웠다. 하지만 그것을 과시하려 했던 것 역시 타인을 의식하는 또 다른 형태의 가식이었다는 것을 이제야 알겠다.

내면적으로는 타인의 시선을 의식하면서도 바디프로필 사진을 공개하는 것이 큰 용기가 필요했다. 30년 넘게 사회적 틀 안에서 살아온 나에게 그것은 결코 쉬운 결정이 아니었고, 많은 고민과 갈등이 있었다.

이런 선택의 근본적인 이유에 대해 나 자신을 깊이 들여다볼 기회가 되었다. 특히 교회 권사로서 이런 도전을 한다는 것에 대한 주변의 염려 섞인 시선이 마음에 남기도 했다.

세나가 30여 년 동안 남자들만 사는 부대 안 관사에서 살았다. 항상 조심스러운 옷차림과 행동 하나하나까지도 통제 속에 생활했다. 군부대의 집단 속에서 챙길 일도, 나설 일도 많지만, 소리 없이 해내면서도 남의 눈에 거슬려서는 안 된다는 생각이 컸다.

조금만 방심해도 누군가의 입길에 오르기가 쉬운 환경이었다. 처음 군인 아파트에 살 때 이런 생활은 숨 막히게 나를 조여왔다. 평생 공인처럼 행동거지를 감시받으며 살아온 나에게 이런 사진을 올리는 것은 마치 갱년기의 반란 같았다.

나에게 '나다움'이란 관습과 고정관념의 굴레에서 벗어나고 싶은 내재된 열망이었다. 이는 단순히 새로운 나로 거듭나는 수준을 넘어, 바디프로필 사진을 올리는 것이야말로 진정한 자아를 찾는 용기 있는 도전이었다.

올리는 것 자체도 용기였고, 익숙해질 즈음 삭제하는 것 또한 내겐 또 다른 용기였다. 우리는 때때로 안 해본 것에 도전하는 과정을 꾸준히 경험해야 한다. 어느 것이 나의 자유로움을 막는지, 직접 열어보아야 알 수 있다. 진정으로 나 자신을 찾고자 한다면 불편함에도 맞설 필요가 있다.

사진을 올리고 처음 한 달은 불편했지만 시간이 지날수

록 자유로움을 느꼈다. 모든 사진을 내린 지금은 허전하면서도 또 다른 자유를 경험하고 있다. 우리는 마음의 균형을 잡으며 한쪽으로 치우치지 않도록 주의해야 한다. 이것이 곧 중용을 실천하며 자신을 이해해 가는 길이다.

옳고 그름을 따질 필요 없다. 어느 누구의 평가도 신경 쓸 필요 없다. 내가 나답게 되는 용기가 갱년기에는 더욱 필요하다. 평생 자신이 누구인지도 모르고 죽는다면 내 인생이 아깝지 않겠는가. 나에 대해 고민하고, 충분히 연구해 보아야 한다.

내가 나를 표현하지 않으면 누가 날 알아주겠는가. 내가 나를 알아야 사랑받고 싶다는 것도, 위로가 필요하다는 것도 말할 수 있다. 나도 나를 모르면서 어떻게 누군가가 나를 이해해주길 바랄 수 있겠는가.

가수 지망생이 나오는 서바이벌 프로그램을 보면, 도전자들에게 생소한 장르의 노래와 새로운 무대 미션이 주어진다. 그들은 미션을 성공적으로 마친 후, 본인도 자신이 이런 노래를 해낼 줄 몰랐다며 감탄하곤 한다.

관중과 심사위원이 있기에 좋은 결과를 위해 미션에

도전한다. 나 역시 늘 새로운 가능성에 도전하고 싶은 열망이 있었다. 건강한 신체를 가꾸는 것은 누구나 꿈꾸는 목표다. 아마 관중이 없었다면 나 역시 운동의 동기가 약해질 수 있었다. 그것이 좋다, 나쁘다 따질 필요는 없다.

찍힌 사진들은 더 이상 내가 나약하지 않음을 스스로에게 증명하는 계기가 되었다. 갱년기를 겪으며 자아상을 재정립하고, 타인의 시선에서 벗어나 본질적인 나를 발견하는 과정이었다.

이제는 타인의 시선에서 자유로워져 진정성 있는 삶을 살아가는 법을 배웠다. 절대적인 정답은 없지만, 내 마음이 가장 편안한 지점을 찾는 것이 나에게 최선의 선택임을 느낀다.

남의 판단에 휘둘릴 필요 없다. 자기다움을 찾는 길이기에.

―●• 생활리듬 회복하기 •●―

중요한 하루 컨디션을 관리하다

매일 아침 눈을 뜨면, 새로운 하루가 시작됨을 느끼며 내면의 목소리에 귀 기울인다. 오늘은 어떤 하루가 펼쳐질지 기대하며, 오늘의 할 일을 생각하고 주님께 하루를 허락해 주심에 감사와 도움을 구하는 기도를 올린다. 그리고 나의 소명을 다시 한 번 마음에 새기며 사명을 되새긴다. 이런 다짐은 내 존재를 관통하는 신념이 된다.

나의 다짐과 함께 아침 인사를 주고받으며 나누는 메시지들은 서로에게 에너지를 전달하는 소중한 교감의 시간이다. 긍정의 기운이 오가면 온몸에 따뜻한 활력이 감돈다. 오늘도 특별하고 의미 있는 하루가 될 것 같은 예감에 설렌다.

서로 눈을 마주치기만 해도 힘이 되는 소중한 인연들과

함께 풍요로운 하루를 시작할 수 있다. 누군가와 소통하는 방식에 따라, 위기 상황에서도 내면에서 솟구치는 힘을 경험한다. 어두웠던 감정이 사라지고 희망이 차오를 때, 에너지는 사랑의 힘으로 온몸에 퍼진다.

나는 매일 자신의 에너지 상태를 숫자로 기록해 본다. 오늘의 컨디션이 단순한 우연이 아니란 점, 곰곰이 생각해 보니 어제의 작은 실수가 오늘의 컨디션을 결정한다는 사실을 알게 되었다.

어젯밤, 하루 종일 미루다 결국 늦은 시간에 헬스장에 가서 운동을 했다. 평소 운동의 중요성을 알면서도 시간 관리를 제대로 못 한 탓이었다. 더욱이 저녁 늦게 격렬한 운동을 하지 않는 것이 좋다는 걸 알면서도, 할 일을 미루고 결국 강행했던 것이다.

어제 하루를 알차게 보냈다고 생각했지만, 이런 계획 밖의 작은 실수가 다음 날 소중한 아침 시간을 흐트러뜨리는 결과를 낳았다.

이제 저녁 시간을 더 세심히 관리해야겠다고 다짐한다. 특히 저녁과 취침 준비 시간을 명확히 구분하고, 늦은 시간의 과도한 신체 활동은 피하며, 하루의 마무리를 차분하고 평안하게 보내야 한다.

이런 실천을 통해 상쾌한 아침을 맞을 수 있기에, 매일 저녁 시간을 체계적으로 계획하고 실천할 것을 다시 한 번 다짐한다. 오늘 하루 역시 내게 소중한 선물이 되도록 하겠다고 결심한다.

여러 사정으로 피곤하게 하루를 시작할 때도, 어떤 상황에 처해도 오늘이라는 귀중한 날을 포기하지 않을 것이다. 그러기 위해서는 지혜롭게 에너지를 끌어올리고, 일정하게 유지하는 법을 배워야 한다.

나에게 활력을 주는 에너지를 잘 관리하겠다고 다짐하면서도, 순간의 안일한 생각과 욕심에 컨디션 관리를 소홀히 했던 적이 있었다. 활력 유지를 위해서는 적절한 휴식이 핵심임을 잊지 말아야 한다.

돌이켜보면, 힘든 삶 속에서도 잘 버텨준 나 자신에게 고마움을 느낀다. 그런 나 자신이 대견하고 사랑스러워 스스로 다독인다. 이제는 마음 편히 충분히 쉬고, 충분히 자고, 어깨에 힘을 빼고 긴장을 내려놓은 채 깊게 호흡하라고 자신에게 말한다. 한 번도 누리지 못했던 진정한 휴식의 하루를 누리길 바란다.

몸이 원하는 대로, 의식의 흐름에 자연스럽게 몸을 맡긴다. 밤하늘의 별처럼 서두르지 않고, 조급해하지 않는다. 지금 이 순간의 내 모습 자체가 가장 아름답다는 걸 깨닫는다.

이 모든 것을 넓은 마음으로 나 자신을 품으며, 잠자는 영혼을 깨우는 듯한 신체의 움직임을 느낀다. 갱년기를 겪으며 잃었던 생명력을 되찾는 법을 배웠다. 이제는 내 몸과 마음의 신호를 민감하게 알아차리고, 그에 맞춰 컨디션을 조절하며 살아간다.

운동, 식사, 휴식의 균형을 맞추고 일상 리듬을 체계적으로 관리하며, 안정적인 활력을 유지할 수 있게 되었다. 무엇보다 자신의 상태를 섬세하게 살피고 존중하는 태도가 에너지 관리의 핵심임을 느낀다.

활력의 중요함을 뼈저리게 깨달으며, 이를 통해 새로운 도약의 기회를 만들 수 있었다. 과거에는 갱년기 증상으로 신체적·정서적 변화에 휘둘리며 무기력했다.

이제는 변화를 자연스럽게 받아들이고 적극적으로 대처하는 방법을 배워가고 있다. 특히 아침 시간을 효율적으로 활용하고, 저녁 시간을 체계적으로 관리하는 지혜를 얻으며 하루를 안정감 있게 살아간다.

내 삶의 주인공으로 건강하고 활기찬 갱년기를 설계해 나가고 있다. 내면의 생명력을 돌보고, 에너지를 지혜롭게 관리하는 것이 중년을 행복으로 이끄는 나침반이 된다고 믿는다.

━━━●◉● 생활리듬 회복하기 ●◉●━━━

감정 패턴으로 평정심 다스리다.

감정의 기복 없이 평정심을 유지하려면 어떻게 해야 할까? 이는 우리 모두의 오랜 숙제다. 감정의 파동을 일정하게 유지하며 늘 마음의 평정을 지키기 위해서는 무엇보다 에너지 관리가 선행되어야 한다.

영적인 관점에서 육체를 바라보고, 플러스도 마이너스도 아닌 원점에서 자신을 단련하는 과정이 필수적으로 요구된다. 이것은 단순한 결심이나 의지로는 이루어지지 않으며, 꾸준한 수련이 필요한 여정이다. 이 과정에서 자신의 의지만을 맹신하거나, 순간적인 감정에 의존해서는 안 된다.

대신 체계적인 환경 설정을 통해 지속 가능한 변화를 만들어가야 한다. 매일 반복되는 일상 속에서 자신에게 가장 적합한 루틴을 찾아 정착하고, 이를 통해 안정적인 감정 관리의 토대를 마련할 수 있다. 일상을 체계화하는 것은 감정의 요동을 잠재우는 효과적인 방법이다.

나의 감정은 롤러코스터와 같았다. 누군가 옆에서 후~ 하고 불면 이리저리 흔들리는 갈대숲처럼 요동쳤다. 감정이 올라오면 그에 따른 생각들이 연쇄적으로 이어졌다.

감정은 실체가 없다. 다만 흔들리는 것은 내면의 불안과 두려움 때문임을 알게 되었다. 생각이 꼬리를 물어 이어지면 곧 감정으로 변하고, 어느새 실체도 없는 감정에 종일 시달리게 된다.

불안한 감정이 들어오면 늘 그 원인을 분석했다. 무엇이 문제였는지, 어떻게 하면 벗어날 수 있을지 고민하며, 생각의 사슬처럼 감정의 올가미에 걸려 마이너스 에너지 속에서 시간을 허비했다.

스스로 정신적 고통을 만들어냈다. 당시에는 감정이 모두 진실이라고 믿었다. 고민할 가치가 있다고 여겼고, 마음의 동요를 멈출 수 없었다. 멈추려 하면 또 다른 생각이 밀려왔다.

그러나 시간이 흐르자 몸은 지치고, 머릿속은 엉킨 실타래처럼 복잡해져 터질 듯했다. 이런 날에는 몸도 긴장 상태가 되어 밤이 깊어질수록 뼈마디가 조각조각 분리되는 듯 체력도 급격히 떨어졌다.

생각할 여지를 만들지 않으려고 사람들을 피해 다녔다. 고민될 만한 일은 외면했다. 놀랍게도, 누가 상처를 준 것도 아닌데, 스스로 마음의 상처를 만들고 또 받고 있었다.

몸도 점점 쇠약해졌다. 수면을 유도하는 약도 효과가 없었다. 오히려 약을 먹고도 잠을 이루지 못해 더 피곤했다. 낮에는 머리가 터질 것 같았고 아무런 의욕도 없었다.

어느 날, 예상치 못한 곳에서 마음을 다스리는 방법을 깨닫게 되었다. 상황은 그대로였지만, 시야와 관점을 바라보는 나의 태도가 해결점임을 알았다. 내게 다가오는 감정을 어떻게 받아들이느냐가 핵심이었다. 생각보다 간단한 일이었다.

불면이나 작은 걱정거리도 내가 접근하는 방식에 문제가 있었다. 문제가 있으면 반드시 해법도 있다. 문제 속에 해답이 있었다. 내 안에는 알 수 없는 깊은 갈증이 있었다. 그래서 감정에 집착했을 수도 있다.

감정의 요동을 다스리기 위해 내가 실천한 것은 시간대별 감정 상태를 일기처럼 기록하는 것이었다. 그렇게 나의 감정 패턴을 파악하고, 습관적인 감정 흐름을 알게 됐다. 이를 바탕으로 평정을 유지하는 방법을 찾았다.

나는 사소한 일을 크게 만들고 있었다. 그냥 넘겨도 될 감정에 예민하게 반응하고 집착했다. 마치 위로받고 싶은 아이가 투정 부리듯 말이다.

나는 내가 판 웅덩이에서 스스로 무서워하며 떨고 있었다. 관심받고 싶은 아이가 문제아가 되기로 선택한 것처럼, 나에게 왜 이런 감정이 찾아오는지 묻고, 의미 없는 감정들을 스스로 마음에 담아 무겁고 두렵다며 울고 있었다.

모든 감정은 의미 없는 허상이었다. 느낄 필요도, 붙잡을 가치도 없었다. 말로 꺼내지도 말고 그냥 흘려보내면 될 것이었다. 어느 순간, 어떤 감정이든 나를 건드려도 외면할 수 있게 되었다. 그러자 감정의 동요도 점차 사라졌다.

갑자기 모든 것이 변한 것 같았다. 이제껏 어렵게만 느껴졌던 일들이 오늘부터는 가능할 것 같았다. 그리고 마음이 고요해졌다. 감정이 여전히 나를 건드리지만, 나는 두 눈을 크게 뜨고 그 감정을 바라볼 수 있었다.

나는 나무가 되었다. 아무것도 애쓸 필요가 없었다. 주어진 그대로 존재하는 것만으로도 가치가 있었다. 지금 존재함에 감사할 뿐이었다. 나는 갱년기 감정의 기복을 자연스럽게 다스릴 수 있게 되었다.

감정의 흔들림에 휘둘리지 않고 평온한 마음으로 하루하루를 살아가고 있다. 불면의 불안 역시 갱년기의 증상임을 이해하고 극복하는 중이다.

나를 침해하지 않도록 방심하지 않고, 오히려 나 자신을 더 사랑하는 데 집중한다. 갱년기에 찾아오는 여러 증상을 두려움이 아니라 새로운 시각으로 받아들이며, 더 성숙한 삶으로 한 걸음씩 나아가고 있다. 그리고 아직 경험하지 못한 문을 활짝 연다.

―•● 생활리듬 회복하기 ●•―

두려움의 경계선을
한 걸음 넘어서다

절벽 앞에서
"이쪽 끝으로 오세요."
"떨어질지도 모르잖아요."
"이쪽 끝으로 오세요."
"너무 높잖아요."
"이쪽 벼랑 끝으로 오라니까요."
그들은 왔고,
그가 떠밀었다.
그러자 그들은 날아올랐다.

이 시는 우리가 삶의 진실이라고 믿어왔던 것의 경계를 과감히 넘었을 때, 우리를 기다리는 위대한 힘에 대해 이야기한다.

『디바인 매트릭스』에서 발췌한 이 글은, 우리가 두려워하는 경계선을 넘는 순간, 기대했던 것과는 전혀 다른 경험을 하게 된다고 말한다. 그것은 마치 새가 처음 둥지를 떠나 날개를 펼치는 순간과도 같다.

중년이 되어 나는 한 번도 시도해 보지 못한 것들을 마주하게 되었다. 벼랑 끝에 서는 것만으로도 새로운 세계가 열렸다. 처음 접하는 모든 낯섦은 두려움으로 다가오지만, 그 두려움을 마주하고 견디며 이해하는 과정에서 우리는 성장한다.

눈앞에 펼쳐진 벼랑 끝 경계선에 서는 순간, 모든 것을 잃을 것만 같은 절망과 공포를 경험한다. 그러나 과감히 한 발 내딛을 때, 예상치 못한 위대한 힘이 우리를 받쳐주고 있음을 발견한다.

한계를 넘어서는 순간, 우리는 새로운 자유와 함께 날아오르는 경험을 하게 된다. 이는 결코 쉽지 않은 결단이며, 때로는 모든 것을 내려놓을 준비가 필요하다. 죽을 각오 없이는 그 한 발을 내딛을 수 없다.

나는 우리가 결정적인 순간에 낭떠러지 앞에 서길 바란다. 그래야만 온전히 그분께 집중할 수 있다. 그래야 진정한 자아를 발견할 수 있다. 미지의 세계에서 우리는 전혀 새로운 방식으로 자신을 경험하게 되고, 이러한 발견을 통해 예상치 못한 자유와 힘을 얻게 된다.

어린 시절의 나는 불안과 공포 속에서 숨죽이며 움츠리고 있었다. 주변 사람들은 무심코 상처가 되는 말을 던졌고, 그것은 감정의 쓰레기처럼 마음에 쌓여갔다. 아이는 그 불안과 공포 속에서 숨죽이며 움츠리고만 있었다.

주변 사람들은 그 상황을 지켜보고 있었다. 아이가 괜찮아 보인다고 생각되자, 부당한 상황이 침묵이라는 묵시적 동의로 모두에게 정당화되고 있었다.

던져진 말들은 겉으로 보기엔 아무 의미 없는 말들일지 모른다. 그러나 아이의 마음속에서는 보이지 않는 상처로 피를 흘리고 있었다. 아이는 이 상황을 벗어나기 위해 용기를 내야 했다. 더는 참지 않고 뛰쳐나와 자신의 목소리를 내야 했다.

그러나 이제 우리는 안다. 참는 것이 언제나 옳은 선택만은 아니었다는 것을. 더는 침묵하지 않길 바란다. 어둠의 동굴에서 과감히 뛰쳐나와야 한다. 우리는 자신에게 거짓된 것은 거짓이라 말하고, 옳지 않은 것을 바로

잡을 용기가 필요하다.

중년의 우리는 다른 이들에게 절벽 위에 서 보는 모험을 권한다. "일단 시도해 보라"고 격려한다. 나도 한때는 그 자리에서 떨며 서 있었기에, 그 두려움을 누구보다 잘 이해한다. 당신도 분명히 날아오를 수 있으니, 그 가능성을 믿어 보라고 따뜻하게 손을 내민다.

인생의 모든 도전에는 두려움이 동반된다. 하지만 이제는 더 깊이 이해하게 되었다. 갱년기라는 인생의 중대한 전환점에서, 우리는 죽을 힘을 다해 새로운 변화를 맞이해야 한다.

과거의 나를 비우고 새로운 나를 받아들이는 용기를 가질 때 비로소 진정한 '나다움'을 발견할 수 있다. 든든한 동반자는 두려운 절벽 앞에서 내 손을 굳게 잡아주며, 새로운 비상을 향한 첫걸음을 함께 내디뎌 주었다.

제 4 장

동행으로 하나되는 기쁨

한 걸음 한 걸음 자아를 만나고 자신과 호흡하며,
나와 동행할 때 감사와 기쁨으로
성공의 길을 따라갈 수 있다.

─•● 동행, 하나되기 ●•─

성장의 기쁨,
그 의미 되새기다

갱년기에 들어서며 나의 정체성을 찾아가는 과정은 사춘기 때와 비슷한 경험이었다. 내면 깊이 잠재된 나의 특별한 가능성을 인정하며, 단순히 하고 싶은 일을 찾는 것을 넘어서는 여정이었다.

간절히 원하는 결과를 상상하며 꿈을 이루겠다고 결심하는 순간, 나의 가능성을 찾아가는 여행이 시작된다.

자기 안에 있는 잠재능력을 발견하고 그것을 나의 것으로 받아들이는 순간, 내 안에 잠들어 있던 신성한 에너지가 깨어나 우주적인 큰 힘과 만나 예상을 뛰어넘는 폭발적인 시너지를 만들어 낸다.

이는 성공한 많은 사람들이 강조하는 '긍정 에너지의

끌어당김 법칙'의 핵심이다. 내 안의 잠재력이 우주의 에너지와 완전히 공명하여 하나가 될 때, 무한한 우주의 에너지가 나를 향해 자연스럽게 흘러들어오는 것을 경험한다.

세상의 성공 비결을 살펴보면 결국 '나는 반드시 이것을 이루겠다'는 흔들리지 않는 결심과 그에 따르는 불타는 열정, 바람, 그리고 완전한 몰입이 있어야 한다. 그러면 우주의 에너지가 자연스럽게 끌려온다는 원리에 닿게 된다.

오늘은 특별한 날이다. 그 이유는 내가 오늘 그렇게 되리라고 믿고 확신했기 때문이다. 그렇게 믿음으로 맞이한 하루에 우주는 귀중한 선물을 안겨준다. 내가 결심하고 실천하겠다는 의지만 있으면 충분하다.

구하면 구해질 것이고, 두드리면 열릴 것이다. 자신감이나 확신이 부족할 이유가 없다. 나는 이미 수차례 그 에너지를 경험했고, 그 힘을 체감했다.

그러나 실패한 경험도 있었다. 갱년기로 건강을 잃고 기력이 바닥일 때, 예전처럼 긍정의 끌어당김 에너지를 다시 느껴보고 싶었지만 자신감이 없어졌고, 어떤 열정의 에너지도 나에게 다가오지 않았다.

그때 나는 어떤 것에도 흥미를 느끼지 못했다. 열정이 사라진 지 오래라 모든 것이 무의미하게 이어지는 것이 두려웠다. 어디서부터 시작해야 할지 알 수 없었다.

이런 번뇌 속에서도 그냥 주저앉아 있을 수만은 없었다. 나는 필사적으로 몸을 움직이기 시작했다. 새로운 운동 종목을 찾아 도전했고, 한 번도 해보지 않았던 것들을 버킷리스트에 담아 실천하여 성취했다.

도전의 과정은 힘들었지만, 목표를 향해 달리는 동안에는 살아 있음을 느끼며 활력이 넘쳤다. 하지만 예상과 달리 목표 달성 후의 기쁨은 잠시뿐이었다.

목표 달성 후 다시 기분이 다운되는 경험을 했고, 그때마다 나는 또 다른 새로운 목표를 세웠다. 이대로 멈추면 숨조차 멎을 것 같았다. 계속 불가능해 보이는 일에 도전했다. 쉽게 달성할 수 있는 목표보다 어려운 목표에 더 설레었다.

나는 '극복'이라는 이름으로 끝없이 도전했다. 머리로는 성공의 성취감을 느꼈지만, 그 과정에서 몸과 마음은 점점 지쳐갔다. 목표 지향적인 나는 달성을 위해 나 자신에게 가혹할 정도로 휴식조차 허락하지 않았다.

결국 과부하로 인해 자주 넉다운 상태가 되었다. 진정 누구를 위한 도전이었을까. 승리자였으나 내면적으로는 패배자 같은 기분이었다.

이런 경험을 여러 번 반복하면서, 나는 같은 행동과 감정을 발견했다. 삶의 목적을 잘못된 곳에서 찾고 있었던 것이다. 목표와 열정이 생기면 에너지도 따라왔지만, 그것은 내 것이 아니었다.

점차 모든 것들이 조금씩 선명해지기 시작했다. 나는 타인의 기준에 맞춰 성공을 축적하고 있었다. 결국 나는 행복하지 않았다. 결과만을 바라봤다. 남들처럼 그것을 손에 넣으면 행복해질 줄 알았다. 그것은 세상의 기준이었다.

남은 것은 오로지 중간 과정에서 겪은 고통뿐이었다. 끝내 내가 거머쥔 것은 빛을 잃은 승리의 깃발이었으며, 그 곁에 선 내 모습에서 진정한 만족이나 행복은 찾아볼 수 없었다.

그러나 나는 목표를 향해 걸어가는 과정에서 성장의 즐거움을 느낄 때 진정으로 기뻤다. 성장이 거듭될수록 고갈되었던 에너지 역시 서서히 채워지는 것을 느꼈다.

목표 달성보다 과정의 즐거움을 느끼자 매 순간 세포가 살아 움직이는 듯했다. 나는 온몸으로 살아 있음을 느꼈고, 목표를 향해 몰입하며 성공의 에너지를 다시 끌어당겼다.

여기서 놓치지 말아야 할 것이 있다. '이 성공은 누구를 위한 것인가?', '무엇을 위한 열정이며 소원인가?'라는 질문을 스스로에게 던지며 나침반을 맞춰야 한다. 우리는 자신만의 것이 아닌, 세상 기준에 사로잡힌 성공을 우주에 바란 건 아닌지 스스로 성찰할 필요가 있다.

나의 것이라면, 그것은 나에게 진정한 기쁨과 성장을 준다. 진정한 성공은 단 한순간의 기쁨에 그치지 않는다. 한 걸음 한 걸음 자아를 만나고 자신과 호흡하며, 나와 동행할 때 감사와 기쁨으로 성공의 길을 따라갈 수 있다.

―●― 동행, 하나되기 ―●―

과거에서 벗어나
오늘을 살아간다

우리는 종종 과거에 머무르며 현재를 잊곤 한다. 하지만 과거는 이미 지나간 시간일 뿐, 지금의 나를 규정지을 수 없다. 이 순간에도 과거에 대한 집착이 나를 붙잡고 있다면, 이제는 과감히 그 틀에서 벗어날 때다.

나는 오랫동안 추억에 기대어 살았다. 현재의 내 모습이 못마땅할수록 과거를 끄집어내어 책임을 돌리고, 스스로를 지나치게 분석하며 자책의 굴레에 빠지곤 했다. 그러나 더 이상 과거의 나에게 의존하지 않겠다고 다짐했을 때, 비로소 오늘을 살아갈 힘이 생긴다는 것을 깨달았다.

갱년기의 우울함이 깊어질수록, 나는 마치 스스로 수렁에 빠지기로 결심한 듯했다. 뒤늦게 정신을 차리고 보니, 내가 과거에 대한 집착이라는 올가미에 갇혀 있다는 사실을 알게 되었다.

사실 그냥 흘려보내도 될 작은 실수나 상처를 집요하게 파고들며 스스로를 괴롭히고 있었다. 과거 속에서 자책하는 것은 내 안의 자존감이 떨어지고, 현실을 마주하는 것이 두렵기 때문이었던 듯하다.

넷플릭스로 영화 장르를 고르는 내 모습을 보며 흥미로운 패턴을 발견했다. 유난히 고전 영화를 보면 마음이 편안했다. 과학적 근거는 없었지만, 내 사고가 미래보다는 과거에 머물기를 좋아해서 고전을 선호하는 건 아닐까 하는 생각도 들었다.

가끔 어르신들은 미래 이야기가 아닌 옛 시절의 일들에 집착하며 같은 이야기를 반복하는 경우가 많다. 모임이 여러 번 반복되어도, 늘 그 시절의 이야기에서 벗어나지 않는 모습이 신기했다.

젊을 때는, 삶을 오래 살아온 만큼 추억이 많은 것이라 생각했다. 하지만 나이가 들어 나와 비슷한 패턴을 가진 친구들을 보면, 매번 같은 반성과 칭찬, 그리고 자기 자랑에 빠지곤 한다.

젊은이들은 이런 어른들을 고리타분하다고 여긴다. 그러나 실제로 미래에 대해 이야기하는 친구는 그리 많지 않다. 어쩌면 나이가 들수록 미래를 이야기하는 것이 두렵기 때문일지도 모른다.

과거의 실패를 떠올리며 가슴 아파한 적이 있다. 아무리 후회하고 반성해도 과연 용서받을 수 있을지 몰라 답답함을 느꼈다. 이제는 그만 놓아주자고 수없이 다짐했지만, 마음 깊은 곳에서는 여전히 그 상처를 놓지 못하고 있었다.

아까운 시간들을 허비했다는 사실을 깨달았을 때, 나는 더 이상 탄식하지 않기로 했다. 과거에 안주했던 나로부터 용감하게 벗어나겠다고 선언했다. 과거에 얽매였던 나는 오늘의 문제와 마주하기로, 진정한 나를 찾아 현실에 맞서기로 결심했다.

부끄러운 과거를 용서하지 못해 오랫동안 현실 뒤에 숨어 있었다. 과거의 슬픔에 오래 머물고서야 비로소 깨달았다. 과거에서 벗어나려면 용서의 다리를 건너야 하고, 아픈 기억을 흘려보내야 비로소 당당하게 현재와 마주할 수 있는 힘이 생긴다는 것을.

후회할 과거라도 어제가 없었다면 오늘은 존재하지 않는다. 잘한 과거도, 잘못한 과거도 모두 중요하지 않다. 우리는 과거에 자만하거나 집착하지 말고, 오늘에 집중해야 한다. 과거의 경험은 오늘 우리의 토대가 됨에 감사하면 된다.

과거를 과감히 용서하고, 그 교훈을 발판 삼아 현재에 집중하자. 오늘을 최고의 날로 만들고 온전히 누리자. 나는 오늘도 스스로에게 되뇐다. 비록 실패해도 괜찮다. 우리에겐 다시 도전할 오늘과, 또 설레는 미래인 내일이 있으니까.

●● 동행, 하나되기 ●●

끌어당김 법칙이 삶을 변화시키다

나의 가치를 안다는 것은 자기 자신을 존중하는 자존감이 있어야 함을 의미한다. 나는 나의 존재 가치를 찾으며, 내가 어떤 일에 쓰임받을 수 있는지 나 자신에게 집중해 분석했다. 나의 존재 가치는 다른 이들과 달랐다.

자기다움을 찾아가는 과정에서 나는 당당하게 나에게 주어진 사명이 무엇인지 고민했다. 그리고 그 사명을 완수하기 위해서는 먼저 자기다움을 찾아야 한다고 생각했다. 그렇게 해야 사명을 완수할 에너지를 공급받을 수 있을 것 같았다.

나는 혼자가 아니다. 사명을 수행하는 것은 오직 나만을 위한 것이 아니다. 우리 곁에는 하늘의 천사들이 함께하며, 하나님과 같은 존재인 성령님께서 나를 도우신다.

우리는 성결함 속에서 우주의 조화와 화합을 이루기 위해 가야 할 길을 걸어간다. 순리대로, 우리는 말씀에 순종하고 명령하신 대로 행하면 된다.

사명은 인생의 길을 찾아가는 나침반이다. 우리는 각자의 길을 걷도록 선택받았으며, 그 안에는 충만함이 있다. 우주의 에너지가 나를 이끈다. 본질을 잃지 말고 온전함으로 믿음을 붙잡자.

성경 속의 맹인이 눈을 뜨고, 앉은뱅이가 일어나 걸었던 것처럼, 내 아들에게도 그러한 기적이 일어났다. 믿음의 크기만큼 응답이 내게 도달했다. 20년간 온 힘을 다해 아들 교육에 매진했고, 그 경험을 바탕으로 다른 아이들을 위한 교수법을 개발하여 가르쳤고, 인정받았다.

아들에게 쏟은 에너지는 도움이 필요한 다른 아이들에게도 전해졌다. 방황하는 아이들과 슬픔에 빠진 학부모들에게 나의 극적인 기적 이야기는 위로와 희망을 전했다. 어린이 교육센터를 20여 년간 운영할 수 있었던 열정과 지혜 또한 끊임없이 공급되었다.

이것이 바로 우주의 에너지라고 생각한다. 간절한 어머니의 기도는 지혜의 에너지로 전달되었다. 결단의 순간,

그 에너지는 언제나 흘러들어왔다. 마음으로 결심하고 실천할수록 더 큰 힘이 함께했다.

나는 아들을 치유했던 그 에너지를 늘 찾고 있었다. 불가능해 보였던 교회 건축이 일주일간의 기도 끝에 낯선 이의 후원으로 이루어진 것처럼, 주변을 놀라게 한 기적 같은 일들을 여러 번 경험했다.

간절히 원하고, 바라고, 결단하며, 입으로 선포하니 그 일은 이루어졌다. 이루어진 것이 나의 능력이라고 생각한 적은 한 번도 없다. 그 능력이 어디에서 오는지 나는 그 비밀을 알고 있었다.

끌어당김의 법칙은 기도의 응답과도 같은 신성한 에너지이다. 우리가 진정으로 올바른 방향과 목적을 세우고 초점을 맞출 때, 우주의 무한한 에너지는 자연스럽게 우리에게 흘러들어온다.

이 에너지는 우리의 삶을 변화시키고, 세상을 놀라게 할 만큼 큰 힘이 있다. 그러나 그 힘은 이기심이나 욕망을 채우기 위한 목적에는 결코 응답하지 않는다.

하지만 같은 일이라도 관점을 바꿔, 타인을 위한 사랑과

봉사의 마음으로 접근한다면 우주는 그 순수한 의도에 반드시 응답한다.

이처럼 이타적인 마음으로 살아갈 때 우리의 삶은 자연스럽게 기쁨과 감사가 넘치는 충만한 삶으로 변화된다. 이것이야말로 우주가 우리에게 가르쳐주는 가장 위대한 성공의 법칙이다.

── 동행, 하나되기 ──

동반자와 함께 성숙해지다

우리는 모두 각자의 인생을 살아간다. 겉으로 보이는 모습만으로는 그 사람이 내면에 품고 있는 고민과 아픔의 무게를 짐작할 수 없다. 누구나 자신만의 철학과 신념으로 삶의 어려움을 이겨내며 살아가고 있다.

나 역시 그랬다. 부모님의 따뜻한 보살핌 속에서 성장했지만, 고등학생이 되면서부터 독립에 대한 강한 갈망이 생겼다. 그리고 그 독립을 향한 첫걸음은 사랑이라는 이름으로 시작되었다.

결혼을 통해 부모로부터 독립했지만, 어릴 적 하교길이 늦어지면 엄마에게 걱정 섞인 잔소리를 들었던 것처럼, 결혼 후에는 퇴근길이 늦으면 남편과 아내가 서로에게 걱정 섞인 소리를 주고받았다. 나는 부모로부터 남편에게로 보호가 인계된 듯한 느낌이었다.

나는 어린이 통합인지센터를 운영하면서, 주말부부로 전방 부대에 있는 남편을 뒷바라지했다. 누구나 그렇듯, 젊은 날들은 정신없이 흘러갔다. 생도 시절 만난 남편은 장군으로 예편했고, 성인이 된 두 아들도 각자 독립했다.

나이가 들면서, 자연스레 열심히 살아온 대가를 치르듯 건강이 무너지기 시작했다. 하지만 중년의 위기 속에서도 건강을 지키려 노력하며 진정한 사랑이 완성되어 갔다.

나는 나만의 삶의 철학을 가지고, 때로는 고집스러울 만큼 가족을 지켰다. 그리고 시간이 더 지나기 전에 온몸으로 꿈틀거리는 마음의 소리에 귀 기울이며, 갱년기를 겪는 중년의 삶을 안간힘을 다해 살아내고자 했다.

갱년기는 누구나 겪는 자연스러운 과정이다. 여성뿐만 아니라 남성들도 신체의 변화에 따라 위기를 느낀다. 이 시기에는 큰 결단이 필요하다. 새로운 삶을 탄생시킬 것인가, 아니면 이대로 노년의 삶을 연장선으로 살 것인가를 고민하게 되는 때이다.

나는 과감히 제2막 인생을 준비하고 계획했다. 후회 없이 나의 존재의 의미를 찾아보고 싶었다. 새로운 탄생은 첫 번째 탄생처럼 단순히 육체적인 것이 아니라, 초라한 자신을 마주하며 수치심을 견디고 새로워지려는 단단한 결심과 의지가 필요한 정신적 탄생까지 동반되어야 했다.

나 역시 새로움에 따른 변화를 갈망했다. 내 안에서 꿈틀꿈틀 튀쳐나오려는 것이 무엇인지 정확히는 알 수 없었지만, 결심한다면 내 안의 문이 열릴 것만 같았다. 그러면 은밀한 나를 만나는 여정이 시작될 것 같은 예감이 들었다.

지나온 시간은 고된 삶의 여정이었다. 오랫동안 마음의 빗장을 걸어 닫고 참아 열지 못해 아팠던 기억들이 있었다. 은밀하게 나를 만난다는 것은 오랜 시간 벗지 못한 가면을 내려놓고, 마음속 빗장을 여는 것과 같았다.

나에겐 결코 쉬운 도전이 아니었다. 끊임없이 자신을 바라보고 수많은 감정들과 마주하며, 아내도 엄마도 아닌 온전한 나 자신으로 서고 싶은 간절함이 있었다. 그리고 마침내, 온몸의 힘이 다 빠지던 어느 날, 오랫동안 닫혀 있던 나의 문이 살며시 열리기 시작했다.

중년 부부의 사랑 이야기는 저절로 이루어지는 것이 아니다. 사랑과 존중, 서로를 향한 소망과 믿음이 있어야만 위기의 순간에 부부관계가 더욱 단단해지고 서로에게 힘이 될 수 있다.

우리는 모두 부모가 처음이다. 자녀가 생기면서 경제적, 물리적 제약도 많아졌다. 아쉽게도 아무리 열심히 해도 뜻대로 되지 않는 순간들이 훨씬 많았다. 자녀들이 원할 때 넘치도록 채워줘야 했지만, 제대로 헤아리지 못할 때가 더 많았다. 자녀에 대한 사랑과 보살핌은 언제나 서툴렀다. 자녀 사랑은 모두가 꿈꾸는 아름다운 이야기로만 남는 것은 아니었다.

그래도 여기까지 살아낸 것은 성공적인 인생이었다. 시간이 흘러, 조용하고 적막해진 일상 속에 두 사람만이 한 지붕 아래 남았다.

우리 부부는 갱년기를 겪으며 이전에는 느껴보지 못한 것들을 경험했고, 그로 인해 서로를 더 깊이 이해하게 되었다. 독립적인 존재로서 서로를 존중하는 법을 배웠고, '나다움'이 한층 성숙한 관계의 밑거름이 되었다.

지금은 나를 보살피고 나에게 집중하며 살아가고 있다. 몇 해 전만 해도 남편이 오는 시간에 거울을 한 번 더 보며 설렜지만, 이제는 문을 여는 모습에서 서로의 지치고 힘든 모습은 아닌지 먼저 안색을 살피고, 혼자 있는 동안 어떻게 지냈는지 안부를 묻는다.

한때 사랑이 넘치던 밥상도 이제는 의무감 속에서 차려지지만, 그럼에도 서로의 건강을 위한 정성스러운 식사를 함께 하며 좋은 에너지를 나눈다. 지금은 나와 뜻이 맞는 사람들과 함께 의미 있는 일을 하며 지내고 있다.

이제 우리는 서로의 공간을 인정하고, 각자의 성장을 응원하며, 함께 하되 독립적인 삶을 살아가는 동반자가 되었다. 이것이 바로 갱년기라는 위기를 통해 발견한 우리만의 사랑의 방식이며, 나는 독립적인 아내로 한층 더 성장하게 되었다.

갱년기를 거치며 배우고 느낀 감동을 이제는 내가 만나는 이웃과 배우자에게 전하고 싶다. 나의 마음은 성화를 준비하듯 정갈하고 성스러운 마음으로, 사람을 위로하고 소망을 전하며, 함께 의미 있는 일을 정성스럽게 나누고자 한다.

──● 동행, 하나되기 ●──

자녀 교육, 엄마를 성장하게 하다

자녀 교육을 통해 나는 엄마로서 많은 것을 배우고 성장했다. 내 아들은 허약하게 태어났지만, 로봇에 대한 특별한 재능과 집중력을 지니고 있었다. 이 아들과 함께한 이야기를 들려주고자 한다. 어린 시절부터 아들은 장난감 가게의 조립식 로봇을 볼 때마다 눈을 반짝이며 끊임없이 조립하고 탐구했다.

나는 1999년 교육청 주최 과학 세미나에서 한 독일 과학자로부터 "미래 2020년에는 로봇의 시대가 될 것이며, 공장의 인력이 로봇으로 대체될 것"이라는 인상적인 강연을 들었다.

당시에는 상상조차 어려운 내용이었지만, '로봇'이라는 단어는 내게 친숙했다. 12살이던 아들의 가장 큰 취미가 조립용 로봇을 만드는 일이었고, 2020년을 손꼽아 세어보며 로봇을 좋아하는 서른 살 아들의 모습을 상상해보았다.

그때 '로봇을 전공하게 된다면 분명 성공적인 삶을 살 수 있겠다'는 통찰이 스쳤다. 나는 곧바로 아들을 위한 20년 프로젝트를 시작했다. 매년 초 다이어리에 가족 각자의 목표를 설정하고, 장기·중기·단기적으로 체계적인 연간, 월간 계획을 세웠다.

나 역시 양육 때문에 직장을 그만둬야 했지만 자기계발 의지만큼은 멈추지 않았다. 주어진 환경 속에서 최선을 다해 성장하고자 계획을 세우고 목표를 향해 정진했다. 다만 언제나 아들의 교육이 최우선이었고, 내 개인적인 꿈은 후순위로 밀릴 수밖에 없었다.

그러던 중 아들의 치료와 교육비를 마련하기 위해 일자리가 필요해졌다. 내가 잘할 수 있고, 즐거움을 느끼며, 지속적으로 성장과 수입, 경력을 쌓을 수 있는 직업을 찾았다. 특히 자녀와 함께 발전할 수 있는 일을 찾아보고자 했고, 이 시기부터 진정한 내 정체성을 발견하려고 노력했다.

몇 년이 지나지 않아 아들을 위해 시작한 일이 결과적으로 전국 문화센터에서 높은 강의료를 받는 로봇 강사로 자리매김하게 되었다. 아들의 교육을 위해 내가 먼저 로봇을 전공하고 프로그램 정보를 공부하다 보니 어느새 유명세를 갖춘 강사가 되어 있었다.

방학 때는 로봇 캠프와 대학생들이 참여하는 프로젝트에 아들도 함께할 수 있게 기회를 마련했다. 우리 아이는 대학생들보다 조립을 더 잘했기에, 형들이 신기해하며 잡일을 맡기기도 했다. 대학생들과 함께 전시회 스태프로 참여하기도 했다.

시도 없이는 결실도 없다는 믿음으로, 장애로 인한 인지능력의 제약을 극복하고자 아들의 교육을 더 일찍 시작하고, 더 많이 연습시키며, 다양한 경험을 제공했다.

지금처럼 인터넷으로 쉽게 과학교재를 구입할 수 없던 시절이었기에, 매년 아들을 위해 조립과 실습이 가능한 과학교재를 해외에 나가 직접 구입해왔다. 월급의 일부는 매달 아들의 교재 구입비로 따로 모아두었다.

뿐만 아니라, 전자, 기계, 로켓, 학생 발명품 대회 등 로봇과 관련된 모든 분야의 대회에도 빠짐없이 참가했다.

그때만 해도 우리나라에는 주니어 로봇 대회가 상상도 하기 어려운 일이었다.

나는 아들을 위해 3년에 걸쳐 메일을 보내 싱가포르 세계대회 참가권을 얻어냈다. 우리나라에는 존재하지 않던 주니어 대회가 싱가포르에서는 이미 3년 동안 열리고 있었다.

일본 로봇컵 대회에서는 우리나라 카이스트 로봇 축구 대회를 모방해 세계 주니어 로봇 축구 대회를 만들었고, 1회 대회에서 아들 팀이 우승을 차지했다.

국내에서는 주니어를 위한 로봇 대회가 전혀 없는 시기라, 나는 일본과 싱가포르까지 가서 어떻게든 대회 경험을 제공했다. 작은 성공이라도 경험할 수 있도록 꾸준히 새로운 로봇 대회를 찾았다.

아들에게 포기하지 않는 자세와, 대회를 통해 여러 분야의 성취감을 경험하게 하고 싶었다. 이 기쁨을 오래 기억해서 실패를 두려워하지 않게 하길 바랐다. 시야를 넓히고, 다양한 경험을 통해 실패와 성공을 맛보며 문제 해결 능력을 키우는 것이 목표였다.

엄마가 도전하는 모습을 보고 아이도 배우길 바랐다. 어떤 상황에서든 문제를 해결하고 시련을 이겨내는 자세를 보여주고 싶었다. 혹여 좌절하고 실패해 힘들어할 때에는 엄마의 좌절 극복 경험을 함께 나누며 용기를 줄 수 있기를 진심으로 바라며, 내가 먼저 경험하고 실천하는 부모가 되길 바랐다.

―•● 동행, 하나되기 ●•―

자녀가 나의 도전을 확장하다

EBS는 과학의 달 특집으로 아들이 주인공인 "난 할 수 있어요. 로봇박사 박종혁"이라는 프로그램을 한 달간 제작하여 방영했고, 그와 비슷한 시기에 나는 KBS 생방송 뉴스에 로봇 강사로 출연하는 기회를 얻었다.

당시 드라마 '카이스트 로봇축구'가 방영되며 로봇에 대한 관심이 크게 높아졌고, 로봇이라는 개념이 낯설었지만 첨단기술 분야에서는 필수로 자리 잡기 시작했다.

어린아이가 로봇을 다룬다는 점에서 큰 화제가 되었고, 교육감님의 지시로 아들의 과학 특집 방송은 대전 전체 초등학교에서 필수로 시청해야 하는 프로그램이 되었으며, 7년간 과학의 달마다 재방영되었다.

초등학생 아들을 위한 로봇을 가르칠 강사를 찾지 못해 나는 40대 초반에 직접 로봇학과에 진학했다. 이후 산업자원부, 정보통신부와 협력하여 국내외 주니어 로봇 대회 개최와 자격증 개발 및 감수에도 참여했다.

전국 문화센터에서 유명 로봇 강사로 활동하던 중, 덴마크 레고사 본사 교육팀의 한국 방문 소식을 우연히 접했다. 그때 나는 일본산 전자로봇을 활용한 교육과 전국 로봇캠프를 성황리에 운영하고 있었다.

레고사는 프로그래밍 교육용 로봇 출시를 앞두고 교육센터 창업 프랜차이즈를 준비 중이었고, 인테리어와 교구를 갖춘 교육팀과 설치팀이 한국에 왔지만 예정된 한국 파트너의 자격 미달로 본사팀은 난관에 부딪혀 있었다.

마침 나는 로봇 교육센터를 열기 위해 인테리어 공사를 하고 있었다. 새로운 로봇 프로그램이 곧 나온다는 소식을 듣고, 정보를 나누기 위해 미팅을 제안했다.

오늘의 만남이 매우 중요하다는 예감이 들어, 망설임 없이 레고 본사팀이 대구에 있다는 소식을 듣사자마자 내비게이션도 없는 초보 운전 상태로 고속도로를 달려 대구까지 가서 새벽 3시까지 대화를 나누고 돌아왔다.

다음 날 오전, 레고 에듀케이션 세계 최초 1호점 샘플 센터 개설 제안을 받았다. 전국에서 가장 작은 평수의 센터였지만 최고의 매출을 올려 레고 본사 연수에도 참여하는 특권을 얻었다.

우리 센터는 영재고 진학을 위한 필수 코스가 되었고, 영재아라면 우리 센터를 거치지 않은 경우가 없을 정도로 전국적으로 소문이 났다.

이 시기 대안학교를 운영하며 두 아들은 대학 3학년부터 대학원 시절까지 주말반을 맡아 세계 대회 경험을 바탕으로 학생들을 지도했다. 평소 말이 많지 않았던 두 아들은 아이들 사이에서 로봇 천재 선생님으로 큰 인기를 끌었다.

갱년기를 맞아 20년간 아들의 성장을 위해 쏟았던 노력이 결실을 맺어, 큰아들은 프로그래밍 박사학위를 취득해 대기업 전문직과 겸임교수로 활동하고 있으며, 작은아들은 창의교육 프로그램 개발에 혼신의 노력을 쏟고 있다.

나는 20년이라는 장기적 비전과 전략적 교육으로 자녀를 성공적인 전문가로 성장시켰다. 그 과정에서 나 역시 로봇 전문가이자 교육자로 끊임없이 성장하며 새로운 가능성을 발견했다.

아들들이 선생님을 그만둔 후에는 장애인과 정서불안 아동을 위한 인지교육 및 사고력 확장에 로봇을 활용하며 통합 인지센터를 운영했다.

자녀들은 엄마가 도전하는 모습을 보며 어떠한 상황에서도 포기하지 않고 시련을 극복하려고 노력했다. 돌이켜보면 엄마였기에 자녀를 위해 힘을 낼 수 있었다.

이제는 엄마로서의 도전이 아니라, 오롯이 나 자신을 위해 '나다움'을 찾고 싶다. 부모교육과 자녀교육은 물론, 부부의 갈등을 해결하는 부부 상담 등 그동안 쌓아온 소중한 경험과 통찰을 바탕으로, 갱년기를 겪는 여성들에게 상담을 통해 새로운 도전과 성장의 길을 함께 찾아가고 싶다.

많은 여성들이 갱년기를 인생의 종착점으로 여기지만, 나는 이 시기가 제2의 인생을 시작할 수 있는 자아와 몸을 다시 갱신하는 기회임을 보여주고 싶다.

갱년기는 끝이 아니라 새로운 출발점이자 진정한 자아

를 발견하는 여정의 중요한 이정표다. 많은 여성들이 자신만의 새로운 꿈을 향해 도전하는 발판이 되길 진심으로 소망한다.

═•● 동행, 하나되기 ●•═

갱년기를 지혜롭게 극복하다

인류는 최초 모계사회에서 출발하여, 나이 든 여성들이 중요한 리더십을 발휘하며 씨족을 이끌었다. 코끼리 무리에서는 가장 연장자인 암컷, 즉 할머니가 족장이 되어 무리의 생존과 번영을 이끌고, 침팬지 사회에서도 여족장이 화합과 질서 유지를 주도한다.

특히 범고래의 사례는 주목할 만하다. 범고래는 12세부터 40세까지 새끼를 낳다가 갱년기를 겪은 후 90세까지 살아가며, 갱년기 이후의 암컷 범고래가 집단의 가장 중요한 리더가 된다.

수십 년간 축적된 경험과 지혜를 바탕으로 식량을 구할 계획을 세우고, 위험한 상황에서 무리를 보호하며, 젊은 세대에게 생존에 필요한 기술을 전수한다.

이처럼 자연계에서 갱년기 이후의 암컷은 단순히 번식의 역할을 마치는 것이 아니라, 오히려 더 큰 역할과 가치를 지닌 존재로 자리매김한다. 이는 인간 사회에서도 갱년기 이후 여성의 잠재력과 가치를 다시 바라볼 필요가 있음을 시사한다.

갱년기는 여성이라면 누구나 겪는 자연스러운 과정이다. 그러나 그 고통의 강도는 사람마다 다르다. 유전자와 환경, 삶의 방식이 다른 만큼, 갱년기 극복 역시 각자의 신체 변화에 맞는 자신만의 해결책을 찾는 지혜가 필요하다.

예기치 못한 재난처럼 다가온 갱년기를 겪으며 많은 좌절을 경험했다. 내 몸이지만 이질감과 분리감을 느꼈다. 남은 인생이 길게 느껴지는데 무기력함이 몸과 마음을 지배할 때, 이대로 모든 걸 포기하기엔 아직 아까운 인생이라고 생각했다.

그래서 적극적으로 나만의 극복 방법을 찾기 시작했다. 건강에 대한 자신감을 되찾고 싶었다. 자신감이란 타고나는 것이 아니라 꾸준한 노력과 인내의 결과로 얻어지는 자기 신뢰임을 깨달았다.

갱년기로 인한 몸의 변화를 받아들이고, 손상된 세포들을 회복하며 새로운 나로 거듭날 수 있다는 믿음이 중요했다. 구체적인 목표를 세우고 하나씩 실천해 나가기로 했다.

나이가 들수록 체력이 약해지는 것은 자연스럽다고들 하지만, 나는 그 당연함에 도전했다. 체력은 매일 조금씩 훈련을 통해 충분히 보강할 수 있었다.

그러나 어느 순간 열정이 사라지는 것이 더 두려웠다. 열정을 다시 끌어올리려면 더 많은 시간과 노력이 필요했다. 중년의 열정은 청년기처럼 한순간 불타오르는 불꽃이 아니라, 오래 이어지는 숯불과도 같은 깊이 있는 에너지였다.

갱년기에는 변화를 받아들이면서도 포기하지 않는 자세가 매우 중요하다. 조금씩이라도 꾸준히 변화를 시도할 때, 나쁜 습관을 개선하고 새로운 나를 설계할 수 있다.

내면의 불안과 마주할 용기를 키워야 한다. 자신의 삶을 성찰하며, 노약의 원동력을 찾아 인생의 주인공으로 살아가야 한다.

신체적 변화와 감정의 변화를 있는 그대로 수용하는 것이 중요하다. 현재 내 몸 상태에서 욕심을 부리지 않고, 그것을 시작점으로 삼는다. 변화 속에서의 불안함까지 자신을 인정하고 사랑한다. 이것 역시 내 인생의 소중한 한 과정임을 감사하게 여긴다.

갱년기 변화에서 가장 중요한 것은 자존감이었다. 나는 누군가에게 꼭 필요한 존재라는 인식을 갖는 것이 중요하다고 느꼈다. 이미 갖고 있는 충분한 가능성을 구체적으로 떠올리며 내 가치를 나 스스로 인정했다.

평생 꿈꾸고 준비해온 모든 것들이 지금의 나를 만들었음을 자부심을 가지고 받아들였다. 내가 나를 스스로 사랑하고 인정해야 한다는 것도 깨달았다.

이제는 거창한 목표보다는 가족과 이웃에게 선한 영향력을 전하는 데 집중하려 한다. 누군가 내 삶에 변화를 불러일으킨 것처럼, 내 안에도 그런 능력이 충분히 있다. 한 사람 한 사람의 삶에 사랑을 심고, 따뜻한 이웃이 되고자 한다.

어제보다 조금씩 성장하며 새로운 나를 만들어간다. 갱년기라는 장애물이 오더라도 두려워하거나 숨지 않고,

당당하게 마주하며 나아갈 것이다. 마치 어린아이가 익숙한 곳을 향해 달려가듯, 오랜 세월 쌓아온 지혜와 경험을 바탕으로 더욱 성숙하고 풍요로운 삶을 이어갈 것이다.

나는 온전한 자신감을 가지고, 누군가에게 희망과 용기를 전하는 따뜻한 이웃이 되고 싶다. 이것이야말로 갱년기를 지혜롭게 이겨내며 내가 진정으로 바라는 나의 모습이다.

— 동행, 하나되기 —

독수리처럼 환골탈태하다

나는 아프리카 가나의 작가 제임스 애그레이가 쓴 "날고 싶지 않은 독수리"라는 동화를 좋아한다. 사냥꾼이 사냥을 나갔다가, 가시덤불에 갇혀 있는 어린 독수리를 집으로 데려온다.

사냥꾼은 그 독수리를 오리와 닭이 있는 우리에 넣어 함께 기른다. 어린 독수리는 닭과 함께 먹이를 쪼아 먹으며, 엄마 닭의 보살핌 아래 살아간다. 닭보다 몸집이 컸지만, 독수리는 자신이 누구인지 의심하지 않았다.

어느 날, 사냥꾼의 친구인 동물학자가 우연히 우리 안에 있는 독수리를 발견한다. 그는 독수리를 꺼내 하늘을 날게 하려고 애썼지만, 아무 소용이 없었다. 엄마 닭의 보살핌 속에 자란 독수리는 닭의 정신을 갖게 된 것이다.

과연 날지 않는 이 독수리는 독수리일까, 닭일까? 동물학자는 독수리를 절벽으로 데리고 가서 아래로 떨어뜨렸다. 바닥으로 곤두박질치던 독수리를 보며 낙심할 때, 갑자기 독수리는 바람의 저항을 타고 하늘 높이 날아올랐다. 동화는 이렇게 전개된다.

우리는 자신의 정체성과 사명에 대해 "나는 누구일까?"라는 질문을 던져봐야 할 필요가 있다. 나는 닭일까, 독수리일까? 내 정체성에 대해 깊이 고민해본 적이 있는가? 내가 태어날 때 이미 가지고 태어난 재능, 소명, 그리고 누구와도 비교할 수 없는 나만의 특성이 무엇인지 진지하게 고민하며 찾아본 적이 있는가?

우리에게 본능적으로 다가오는 비전은 내가 무엇을 할 때 가장 쉽고 잘하며, 즐거움을 느끼는지 알려준다. 독수리는 본능적으로 바람의 흐름을 구별하는 능력이 있다고 한다.

바람이 불면 공중에 떠서 몸을 바람에 맡긴다고 한다. 굳이 애써 날갯짓을 하지 않아도, 태풍이 불어도 두려워하시 않고 그 위기를 오히려 더 높이 날아오르는 기회로 삼는다고 한다.

나 역시 나를 찾는 여정의 시작은 위기의 갱년기 때였다. '갱년기'는 한자로 '다시(갱)'라는 뜻으로, 다시 시작하고 새로워지는 시기를 의미한다. 한자어의 뜻처럼, 갱년기 때 나는 다시 나다움으로 새롭게 시작해 보고 싶었다.

동시에 왜 나의 삶은 이토록 힘들었는지 돌아보게 되었다. 병든 몸을 바라보며 이제껏의 삶이 모두 실패한 것만 같았다. 남편이 사회적으로 인정받고 성공했던 시기에, 나는 상대적인 박탈감 속에서 가장 초라하고 나약하게 변해가고 있었다.

이때 문득 떠오른 단어가 '환골탈태'였고, 이는 우화이긴 하지만 독수리의 삶을 통해 나는 큰 결단을 하게 되었다. 독수리의 수명은 70년이라고 한다. 왕 중의 왕인 독수리도 인간과 같이 40살 즈음에 갱년기와 비슷한 시기를 맞이한다고 한다.

독수리는 깃털이 무거워져 날기가 힘들고, 부리는 무디어지며, 발톱은 구부러져 먹이를 사냥할 수 없게 된다. 무능하고 기운 빠진 독수리는 다른 새의 먹잇감이 되거나, 아니면 뼈를 깎는 결단으로 자신을 환골탈태시켜 다시 태어날 것인지를 선택해야 한다.

결심한 독수리는 부리로 자신의 깃털을 하나하나 뽑고, 부리를 바위에 부딪혀 뾰족하게 만든다. 발톱도 바위에 부딪혀 뽑아낸다. 연약해진 독수리는 먹이도 제대로 먹지 않은 채, 다른 침입자가 들어올 수 없는 작고 비좁은 바위틈에서 발톱과 깃털이 새로 자라기를 기다린다.

두려움과 인내의 시간을 보내고, 그렇게 다시 새 중의 왕이 되어 30년을 더 산다고 한다. 내가 이처럼 독수리의 변신을 자세히 이야기하는 이유는 내가 직접 겪은 경험이기 때문이다.

나 역시 죽을 것 같던 갱년기를 겪으며, 독수리처럼 나를 새롭게 만들기 위해 내 마음의 깃털과 발톱을 뽑아내는 각오로 변화하기로 결심했다.

그리고 내가 실행한 것은, 내가 무엇을 해야 행복할지 찾아보기로 한 것이었다. 하고 싶은 것들을 적으려 했지만 쉽게 떠오르지 않았다. 그것을 찾는 데 시간이 걸렸다. 나는 나 자신을 알고 싶었다. 나라는 사람 안에 어떤 DNA가 있는지 궁금했다.

나의 잠재력이 어디까지 나올 수 있는지 무엇이든 해보려 했다. 아무것도 하지 않으면 아무 일도 일어나지 않는다는 사실을 알기에, 끊임없이 나 자신을 위한 작은 이벤트를 만들었다.

무언가를 시도할 때마다 내가 살아 있고 성장하고 있음을 느꼈다. 성장하지 않는 것은 죽은 것이나 다름없다고 생각했다. 가슴이 두근거리도록 무엇이든 도전했다. 간절히 나만의 비밀을 알아내고 싶었다.

나의 잠재력, 열정, 갈망, 갈급함이 어디서 생겨나는지 알고 싶었다. 갱년기가 깊어져 수렁에 빠져 있었을 때, 그 어려움을 이겨내는 과정에서 비로소 진정한 나를 발견하게 되었다.

마치 독수리가 절벽에서 떨어지며 날개를 펼치는 것처럼, 나도 내면의 힘을 발견하고 새로운 비상을 시작했다. 이제는 중년들에게 자신만의 날개를 펼칠 수 있도록 자기 표현을 돕는 글쓰기 일을 하고 있다.

내 인생을 돌아보며, 나는 내 진정한 소명을 발견했다. 가족들이 서로 소통하며 잠재력을 깨우고, 삶의 모든 경험과 지혜가 모여 새로운 인생의 전환점이 될 수 있길 응원한다

──•◦● 동행, 하나되기 ●◦•──

한 지붕, 두 사람: 부부란 무엇인가?

환갑이 되어서야 나는 진정한 남자 친구를 발견했다. 언제든 어떤 이야기를 해도 공감해 주고 격려해 주는 착한 남자 친구이다. 각자의 일을 열심히 하다가도 함께 산책을 하고 밥도 같이 먹는다.

때때로 같은 프로젝트를 하며 차를 마시고, 종일 기획회의를 하며 토론의 장을 펼치기도 한다. 이럴 때면 참 행복하다. 젊은 날처럼 함께 일할 수 있다는 즐거움에 감사하다. 일을 하면서 느끼는 성취감까지도 함께 나누니, 나에게는 엔도르핀이 솟아난다.

이런 남자 친구가 내 옆에 있다는 사실이 참으로 느는하고 감사하다. 이런 남자 친구를 만나기까지 오십 년이라는 긴 시간이 걸렸다. 우리도 처음부터 이렇게 절친하고 편한 친구는 아니었다.

우리는 이십 대에 그리움에 젖은 사랑을 했다. 그리고 어렵사리 남편과 아내가 되었다. 우리는 서로가 존중받는 가정을 꾸리고 싶었다. 그래서 첫날밤, 아내는 남편을 평생 존경하며 살기로 다짐했다.

사랑의 결실인 아이들은 부모의 뒷모습을 보며 성장했다. 부부가 어떻게 살아가는가는 둘만의 문제가 아니라, 아이로 이어지는 운명의 실타래와 같았다. 부부는 아이들을 위해 살아갈 이유를 찾고 삶을 이어갔다.

남편은 가정의 생계를 위해 직장에 헌신했다. 어느 날 퇴직한 남편에게 가족을 등한시했다고 죄를 묻는다. 원인도 모르는 채 남편은 죄지은 외톨이가 되었다. 그의 일터도 전쟁터였기에, 이미 지쳐 버린 남편은 위엄을 잃지 않으려 자존심을 내세웠다.

남편은 아내와도, 자녀와도 대화를 나눌수록 왠지 모르게 답답함을 느꼈다. 왜 그럴까? 부부에게는 서로에게 표현하지 못한 감정이 있었고, 그런 감정들은 자연스럽게 언어로 나오지 못했다. 사실 어릴 적부터 마음 깊숙이 감춰온 감정은 쉽게 말로 풀어내기 어려운 법이다.

이것이 바로 부부가 자기 감정을 온전히 표현하지 못하는 이유였다. 답답함이 쌓일수록 목소리는 어눌해지고, 때론 날카로워지기도 했다. 결국 말문을 닫게 되고, 찾아온 침묵의 깊이는 부부가 느끼는 외로움만큼이나 아득하고 깊었다.

신혼 때부터 남편도 아내도 바빴다. 아내는 낙하산 훈련으로 생명수당을 받는 남편에게 투정도, 잔소리도 할 수 없었다. 남편은 아내에게 사랑을 표현하지 않아도 당연히 알 줄 알았다. 그렇게 서로는 사십 년을 기다렸다.

세월이 지나 부부는 둘만 남았다. 부부는 외로웠고, 서로에게 위로받고 싶었다. 삶에 지친 부부는 남은 시간을 허비하는 것이 어리석음이라는 것을 알았다. 여행을 통해 삶의 지혜를 깨닫고, 서로를 넘치도록 사랑할 시간이 부족하다는 것도 알았다.

아내가 변하니 남편도 변했다. 무뚝뚝했던 친구 같은 남편은 좋은 남편이 되겠다고 선언했다. 투정을 하던 아내도 남편을 바라보는 관점이 점차 달라섰나. 그세시야 알게 되었다. 남편은 한결같이 그 자리에, 좋은 남편으로 있었다는 것을 반백발이 되어서야 발견했다.

그동안 많은 시간을 외로워하며 원망했다. 부부는 갱년기를 함께 겪으며 서로를 더 깊이 이해하게 되었다. 젊은 날의 사랑과는 또 다른, 성숙하고 숙성된 깊이 있는 사랑을 배워 가고 있다. 이제는 서로의 불완전함을 있는 그대로 받아들이고, 함께 성장하는 동반자가 되었다.

우리의 이야기는 한 지붕 아래 살아가는 중년의 여인이 갱년기를 극복해 낸 이야기이다. 자신의 체력이 회복되고, 컨디션이 좋아지니 자연스럽게 부부 관계도 점차 풀리기 시작했다.

자기다움을 발견하고 자존감이 회복되니, 부부는 서로를 배려하며 더 깊은 사랑을 발견하게 되었다. 인생의 황혼기를 맞이하는 모든 이들이 서로의 불완전함을 받아들이고 새로운 시작을 할 수 있기를 진심으로 응원한다.

갱년기,
자신을 갱신하다

초판 1쇄 인쇄 2025년 11월 26일

지은이	김희자
발행처	부부작가 출판기획사
기획 편집	박영배
디자인	이희경
마케팅	김희자, 박영배

© 김희자 2025
© 부부작가 출판기획사 2025

등록번호	2025년 11월 2일 제 386-11-002999
주 소	대전 유성구 계산동 학의뜰 101-1202호
전 화	010-3877-6438

ISBN   979-11-995484-2-8

* 잘못된 책은 구입하신 서점에서 바꾸어 드립니다.
* 책값은 뒤표지에 있습니다.
* 이 책은 저작권법에 따라 보호를 받는 저작물이므로 무단 복제 및 무단 전재를 금합니다.